Stationen

Zeitreise meiner Gefühle

*In diesem Buch öffne ich meine Seele
mit den Gefühlen meines Lebens*

STATIONEN

-Zeitreise meiner Gefühle-

von
Sylvia Bettina Cronauer

© *2009 Sylvia Bettina Cronauer*

Herstellung und Verlag:
Books on Demand GmbH, Norderstedt

ISBN 978-3-8391-2868-8

Letzte Nacht hatte ich einen Traum; nichts außergewöhnliches, denn ich träume viel. Aber es war, glaube ich, ein wichtiger Traum dem ich folgen soll.

In diesem Traum hatten sehr viele Menschen auf mich eingeredet und mich förmlich bekniet jetzt doch endlich mein Buch zu schreiben. Ich hatte zwar selbst schon öfters gesagt, ich habe schon so viel erlebt, dass ich Bücher schreiben könnte. Aber nicht jeder, der das sagt, kann gleich ein Buch schreiben.

Ich weiß nicht warum ausgerechnet ich meine Geschichte schreiben soll, aber das Gefühl es machen zu müssen ist sehr stark.

Ich bin vor wenigen Tagen 53 Jahre alt geworden und jetzt soll ich ein Buch schreiben.

Ich weiß, ich schreibe nicht gerne, aber wenn ich das jetzt tun soll, was bleibt mir anderes übrig. Vieles kommt zu mir über Träume oder Eingebungen.

Oft höre ich auf sie, manchmal ärgere ich mich auch und fange an zu denken, dass ich das nicht kann oder auch nicht will.

Aber dabei stellt sich oft nach einem Traum heraus, dass er sich von alleine verwirklicht. Manchmal sofort, manchmal über viele Umwege.

Ich versuche ja immer öfter mich nicht mehr zu wehren, aber mein Ego gewinnt immer mal wieder. So ist es jetzt mit meinem Traum. Ich soll es machen, dieses Buch, obwohl ich es gar nicht will. Jetzt stellt sich für mich die nächste Frage. Wo fange ich an? Ich denke am besten ganz von vorne, ach ja es ist nicht so einfach.

Aber da ist mein Ego schon wieder und ich frage mich, wen interessiert das? Ist das nicht zu langweilig. Aber irgendwo muss ich ja anfangen. Ich wünsche mir jetzt „schreiben" zu können.

Und wenn ich dieses Buch nur für mich oder auch nur für meine Familie schreibe, dann ist es auch in Ordnung.

Am 05. Mai 1955 um 06.40 Uhr kam ich in Erfurt, in einem Krankenhaus, auf diese schöne Welt. Und ich meine was ich schreibe. Vielleicht fange ich das Buch auch deshalb im Frühling an zu schreiben, weil es in den letzten Tagen so wunderschön war. Ich habe gerade das Gefühl, ich würde die letzten 53 Jahre auf einmal schreiben wollen, aber das geht natürlich nicht.

Und da ist das nächste Wort, das mich schon mein ganzes Leben begleitet. Geduld! Ich höre es immer wieder. Auch von vielen Menschen die selbst gar keine Geduld haben; aber wenn man nicht weiß was dieses Wort bedeutet, dann sagt sich das so leicht. Selbst das kann ich inzwischen verstehen. Bis jetzt geht es ganz gut, dieses „Schreiben". Na ja etwas schweife ich wahrscheinlich immer wieder mal ab.

Also ich kam auf diese Welt; etwas klein, 48 cm und 4 ½ Pfund leicht; aber ich sollte leben. Meine Mutter war bei meiner Geburt gerade mal 19 Jahre, mein Vater 20 Jahre alt. Mutter war ein Adoptivkind und war in eine gute Familie gekommen. Vater kam auch aus einer guten Familie und hatte zwei Geschwister. Ja und nun habe ich sie zu Eltern gemacht. Sie waren sehr jung und ich war ungeplant. Wie in der damaligen Zeit üblich, „mussten" meine

Eltern noch vor meiner Geburt heiraten. Die Hochzeit war am 13.November 1954.

Meine ersten Jahre waren sehr schön. Ich war sehr oft bei meinen Großeltern, den Adoptiveltern meiner Mutter.

Meine Oma zum Beispiel hat mich immer gefragt, „Sylvchen was soll ich denn kochen" und ich habe „Nudelsüppchen" gesagt; das konnte ich immer essen.

Wenn meine Mutter und ich zu den Großeltern gingen, bin ich immer schnell die Treppe hoch gelaufen und habe zur Oma gesagt, „Wir lassen die Mama nicht rein". Das war so etwas wie ein Ritual. Meine Oma hatte drei eigene Jungs und meine Mutter. Sie hatte somit immer genug Arbeit und dann zusätzlich auch immer mal wieder mich. Mein Opa war ein ruhiger Zeitgenosse und hatte immer einen Spruch auf Lager. Einer fällt mir spontan ein. Er sagte oft so aus Spaß, „Gib mir mal ne Mark, eene kleene Mark!". Er hieß Robert und hatte sehr volles Haar. Genau wie meine Oma Gertrud. Ich habe die beiden sehr gerne gekämmt. Das hat Spaß gemacht und ich kann mich sehr gut daran erinnern. Wenn ich mit Oma einkaufen ging, sind wir auch immer zu den „Eisleckern" gegangen. Eislecker war immer mein Ausdruck für Eisdiele.

Auch die Angst meiner Oma vor Gewittern ist mir gut in Erinnerung geblieben. Bei heraufziehendem Gewitter hat sie sich mit mir in die Diele gesetzt und alle Türen zugemacht. Die Diele war zudem ohne Fenster, sodass es dann dunkel war. Da hier kein Blitz zu sehen und auch der Donner etwas leiser zu hören war, fühlte sie sich dort etwas beschützter.

Wenn mein Opa, zumindest in den Augen meiner Oma, etwas angestellt hatte, rief sie immer „Rooobert"; dann kam er ganz kleinlaut und meinte, „Trudchen, was ist denn los?". Er hat sie immer liebevoll Trudchen genannt. Heute weiß ich, dass da mein Leben noch vollkommen in Ordnung und ich ein glückliches Kind war. Mein Opa hatte einen Motorroller, da durfte ich auch immer mal wieder mitfahren. So was wie Helmpflicht gab es damals noch nicht. Da wir in Erfurt wohnten, mitten in der Stadt, gab es wenige Grünflächen. Dafür gab es Gartenanlagen. Die Stadtmenschen konnten sich dort eine Parzelle kaufen oder pachten. Meine Großeltern hatten auch so einen Garten mit einem kleinen Häuschen, in dem man auch übernachten konnte. Blumen, Gemüse, Salat, Obst, Obstbäume, alles was in einen Garten gehört, war da.

Jetzt beim Schreiben merke ich, dass ich von damals noch viel weiß und dass es sehr schön war, obwohl die damalige Lebensweise, im Vergleich zu heute, sehr einfach war. Bei meinen Großeltern musste man zum Beispiel um auf die Toilette zu gehen, aus der Wohnung ins Treppenhaus, eine Treppe hoch und hoffen, dass die Toilette frei war. Sie wurde nämlich auch noch von den ebenfalls auf dieser Etage wohnenden Nachbarn benutzt. Toilettenpapier gab es nicht, dafür aber sehr viele Zeitungen. Eine Waschgelegenheit gab es nur in der kleinen Küche. Auch an das Knarren des Dielenbodens in der Wohnung kann ich mich erinnern. Wenn ich daran denke, kann ich es heute noch hören. Trotz dieser einfachen Lebensweise in der damaligen Zeit, waren die Menschen zufriedener als heute.

Der erste große Schlag für mich kam als ich 9 Monate alt war. Ich hatte Windpocken, dann die Masern, anschließend kam noch der Keuchhusten dazu. Und weil das noch nicht genug war, bekam ich auch noch eine Lungenentzündung und ich musste das erste Mal ins Krankenhaus. Dies hat mir meine Mutter erzählt, auch dass ich mit 5 Jahren auf die Fensterbank geklettert und runter gefallen bin; dabei habe ich mir ein Handgelenk gebrochen.

Ich war 4 Jahre, als mein Bruder Jürgen am 20.10.1959 auf die Welt kam; auch ungeplant. Auch er wollte leben.

Anfang Juni 1961, kurz vor dem Berliner Mauerbau, sind meine Eltern mit mir, meinem Bruder und zwei Koffern in den Westen geflüchtet. Wir haben alles stehen und liegen lassen. Ein Zurücklassen einer Wohnung mit allem was man so hat. Ein Abschied von einer ganzen Familie. Wir mussten uns verabschieden von Omas, Opas, Onkels, Tanten und einer Uroma. Wir sind zu viert mit dem Zug von Erfurt nach Berlin gefahren und von dort mit dem Flugzeug nach Frankfurt am Main geflogen. Irgendwann sind wir dann in Leimen in der Pfalz gelandet. Wie das alles damals war ist mir heute nur noch schemenhaft in Erinnerung. Damals sind viele Menschen in diesem Ort angekommen. Bis wir in die neugebauten Siedlungshäuser einziehen konnten, wohnten wir vorübergehend über einer Gaststätte.

In Leimen kam ich in die Schule und wurde immer ruhiger; weil ich nichts mehr verstand. Weder die ganze Welt noch die Menschen mit Ihrer Sprache. Ich dachte damals, dass wir ganz weit fort sind

Die Kinder haben sich über das Mittagessen unterhalten. Da gab es so etwas wie Gellriewestambes (Karottenpüree), Grumbeere (Kartoffeln), Supp (Suppe), Grumbeerepannekuuche (Kartoffelpuffer) und vieles mehr. Ja wie gesagt, heute würde ich sagen, ich kam mir vor wie im Ausland, es war teilweise wie ein Schock.

Ich glaube, da hat es angefangen mit meinen Tagträumen und auch mit meinen Eingebungen. Ich glaube auch, dass mich niemand richtig kennt; selbst die nicht, die meinen mich zu kennen. Manchmal kenne ich mich selbst nicht.

Als wir dann in die Siedlungshäuser umgezogen waren, mussten meine Eltern sehr viel arbeiten. Sie hatten ja im Osten alles stehen und liegen gelassen. So musste halt alles neu angeschafft werden. Mein Vater arbeitete tagsüber in der Schuhfabrik und hat Mokassins als Heimarbeit mit nach Hause gebracht. An einem Abend wurden manchmal 20-30 Paar Schuhe mit der Hand genäht. Ein mancher Abend ging bis in die Nacht hinein. Ich kann mich gut daran erinnern, dass ich auch helfen durfte. Zum Beispiel wurden immer zehn Paar Schuhe im vorab mit Lederweicher eingepinselt. Beide Seiten, also Schaft und Blatt, da wo die Löcher waren. Damit das Nähen noch ein bisschen besser ging, haben sie das Nähband durch einen Wachsblock gezogen.
 Am 30.Juni 1963 kam mein Bruder Joachim auf die Welt; auch ungeplant, auch er sollte leben. Er war wie ein Kind für mich.

Ein paar Wochen später, es war der 06. August 1963 und ich war 8 Jahre alt, hatte ich einen schweren Unfall. Mein Vater arbeitete in einer Schuhfabrik in Leimen. Er hatte einen Arbeitskollegen, der immer mal wieder etwas brauchte, was ich dann besorgte. An diesem Tag sollte ich ein Rezept beim Arzt abholen. Da ich seit Ostern einen Roller hatte, ging die Besorgung damit vermeintlich schneller. Aber es kam anders. Ich bin von zu Hause in die Fabrik gefahren und dann zum Arzt. Ich musste mit dem Roller über die Straße, weil genau gegenüber der Arzt seine Praxis hatte. Dies sollte damals in Leimen, einem kleinen Dorf mit wenig Verkehr, kein Problem sein. Meine Eltern hatten mich immer ermahnt, neben dem Roller her zu laufen, wenn ich über die Straße gehe. Also habe ich das auch gemacht, weil ich ein so genanntes braves Kind war.

Aber plötzlich lag ich auf der Straße, mir war ganz komisch. Ein Mercedes, der vermutlich zu schnell fuhr, hatte mich angefahren. Von dem eigentlichen Aufprall weiß ich nichts mehr. Ich bekam nur mit, dass viele Menschen hektisch um mich herum waren. Alle waren sehr aufgeregt; jemand hob mich auf, setzte mich in ein Auto und ein Anderer fuhr fort. Ich erinnere mich, dass mir schlecht war und dass mein linkes Bein, das auf dem Sitz lag, komisch aussah. Da war eine Beule als würde da etwas raus stehen. Schmerzen hatte ich keine, es war das letzte woran ich mich erinnere.

Die nächste Erinnerung die ich habe ist, dass ich in einem Krankenzimmer liege. Ich habe Durst und eine ältere Frau, die schwarz gekleidet war und ihre weißen Haare zu einem Knoten gebunden hatte, gab mir etwas Tee. Dann sah ich noch eine Frau, ebenfalls schwarz gekleidet, mit einem weißen Haarknoten. Ich spürte, dass sie mir das Gesicht mit einem feuchten Lappen abgewaschen hat. Diese beiden Damen waren sehr bemüht um mich; sie gaben mir das Gefühl, alles wird gut. Ich bin dann auch immer wieder eingeschlafen. Alles war sehr bruchstückhaft und ich hatte immer wieder einige Aussetzer in meinem Gedächtnis. Diese beiden Frauen habe ich danach nie wieder gesehen. Ich kann mich auch nicht an die Gesichter erinnern. War es ein Traum? Ich glaube nicht, weil ich es noch so in Erinnerung habe, als wäre es erst gestern gewesen. Nach einer gewissen Zeit, ich weiß nicht wie lange es dauerte, war ich in einem Zimmer mit drei anderen Mädchen. Dort hat mir ein Arzt die Fäden am Bauch gezogen; es waren 15 Stück. Irgendwann habe ich mitbekommen, dass meine Milz zerfetzt war und ich fast verblutet wäre. Heute weiß ich, dass ich Bluttransfusionen bekam und deshalb überlebt habe. Dann nach sechs Wochen Aufenthalt im Krankenhaus, wurde der Gips von meinem Bein entfernt. Gott sei Dank. Mein Bein hatte so gejuckt, aber Kratzen war ja nicht möglich. Laufen durfte ich aber noch nicht.

Na ja dachte ich, war alles nicht so schlimm, mir ging es wieder ganz gut und ich habe mit den anderen Mädchen, soweit es ging, gespielt. Meine Mutter kam mit meinen Brüdern Jürgen und Joachim ab und zu ins Krankenhaus um mich zu besuchen. Das war nicht so einfach, weil wir kein Auto hatten, und meine Mutter mit meinem vierjährigen Bruder sowie dem Baby nur mit dem Bus nach Rodalben ins Krankenhaus kommen konnte.
Ich habe mich mit den anderen Kindern ganz gut vertragen, mal waren sie jünger, mal älter. Mal waren sie eine Woche, mal mehrere Wochen mit mir im Zimmer. Sie kamen und gingen, nur ich war immer da.

Ein oder zwei Tage nachdem der Gips entfernt wurde, erklärte ein Arzt meinen Eltern, dass mein Bein nochmals gebrochen werden müsse, da ich sonst humpeln würde. Ich hatte ein ganz komisches Gefühl.

Heute weiß ich, dass es sich bei dem Beinbruch um einen Trümmerbruch handelte. Da der Knochen übereinander gewachsen war, war mein Bein zwei cm kürzer. Also musste ich noch mal in den OP. Mein Bein wurde noch mal gebrochen, aufgeschnitten und ein zwei Pfund schwerer Silbernagel eingelegt. Als ich aus der Narkose aufwachte, hatte ich sehr große Schmerzen. Die Ärzte mussten die Bandage öffnen und neu ordnen. Erst dann war es zu ertragen. So ging eine Woche nach der anderen ins Land; die Betten wechselten die Kinder, nur ich war immer da. Ich hatte das Gefühl, dass ich jetzt für immer hier bleiben müsste. Die Schwestern und die Ärzte waren sehr nett und waren jetzt meine Familie. Seltsam wie ein Kind doch denkt und fühlt, aber so war es.

Irgendwann in dieser Zeit wurden die Fäden an meinem Bein gezogen, es waren zwölf Stück. Jetzt begann ein Stück Wellness für mein Bein. Es war jedes Mal ein schönes Gefühl, ich habe mich immer sehr darauf gefreut. Da kam eine ältere Frau, sehr mütterlich und gemütlich. Sie rieb mein Bein mit Öl ein und massierte es. Wenn ich heute noch daran denke, kann ich das Öl riechen. Es hat so gut getan. Auch die Stimme der Frau war reiner Balsam für mich. Heute weiß ich, dass ich mit Zitronenöl eingerieben wurde.

Ich hatte damals lange Haare, die mir die Schwestern immer zu Zöpfen geflochten haben. Da ich am Hinterkopf eine kleine kahle Stelle vom vielen Liegen hatte, sah das Ganze etwas lustig aus.

Morgens wurden wir Kinder von einer Nonne geweckt. Sie warf unsere „Fritzelscher" in die Betten mit den Worten „Wie sieht es denn hier wieder aus". Bei den „Fritzelscher" handelte es sich um Kissen in der Größe 20 x 30 cm. Sie gibt es auch heute noch in verschiedenen Krankenhäusern.

Es war damals die Zeit als im Garten des Krankenhauses noch Gemüse und Salat angebaut wurde. Auch wurden die Essensreste der Patienten nicht weg geworfen, sondern an die Schweine verfüttert. Das Krankenhaus, das von Nonnen geführt wurde, hatte auch Menschen beschäftigt, die anderweitig keine Arbeit bekamen.

Die Schweine im Hinterhof wurden vom „Karl" gefüttert. Viele Patienten haben sich lustig über ihn gemacht. Er war geistig und körperlich etwas behindert, aber sehr gutmütig. Das Grunzen der Schweine habe ich heute noch in den Ohren. Wenn ich heute im Krankenhaus bin, denke ich oft an damals. Ein bisschen Wehmut ist immer dabei. Na ja das nennt man Zeit, sie läuft immer weiter. Ja und nochmals gesagt, ich fühlte mich hier zu Hause. In der Zwischenzeit durfte ich Laufübungen machen, erst im Zimmer, dann auf dem Gang. Schritt für Schritt wieder ins Leben. Dann kam er, der Tag an dem ich nach 4 ½ Monaten wieder nach Hause sollte. Der Abschied war ganz komisch. Dr. Roth hat mich auf seinen Schoß genommen, hat mit mir geredet und gesagt, dass er sich freut, dass es mir so gut geht. Ich solle weiter fest üben um das Laufen wieder zu lernen.

Eine Nonne hat mir zum Abschied ein gerahmtes Bild geschenkt. Darauf ist ein Bett zu sehen in dem ein Kind liegt. Um dieses Bett stehen 14 Engel die das Kind beschützen. Sie gab mir auch das dazugehörende Gebet mit. Dieses Gebet ist sehr bekannt und ich möchte es hier weitergeben für all diejenigen die es nicht kennen.

Abends wenn ich schlafen geh
Vierzehn Englein mit mir gehen
Zwei zu meinem Kopf
Zwei zu meinen Füßen
Zwei an meiner rechten Seite
Zwei an meiner linken Seite
Zwei die mich decken
Zwei die mich wecken
Zwei die mich führen ins himmlische Paradies
Amen

Trotz meiner vielen Umzüge besitze ich noch heute dieses Bild. Nicht nur dieses Bild und dieses Gebet haben mich bis heute immer begleitet, sondern auch die Engel selbst sind immer bei mir.

Kurz vor Weihnachten war ich dann zu Hause bei meinen völlig überforderten Eltern. Ich übte also fleißig wieder laufen zu lernen und konnte somit im neuen Jahr wieder in die Schule gehen. Ich habe mich nie beschwert, obwohl es für mich sehr langweilig war wenn wir Sport hatten. Beim Turnen oder Schwimmen musste ich jeweils die zwei Stunden auf der Bank sitzen und zuschauen. Dieses nicht mitmachen dürfen habe ich als Strafe gesehen. Ich hatte das Gefühl, dass ich an dem Unfall schuld sei. Dieses Gefühl der Ohnmacht ist auch heute immer mal wieder da. Dieses Gefühl anderen ausgeliefert zu sein und nichts gegen die jeweilige Situation tun zu können.

Der Lehrer in der Schule hat meinen Eltern gesagt ich wäre eine Träumerin. Aber ich frage mich, was soll ein Kind denn sonst tun, wenn es das Gefühl hat nichts wert zu sein, wenn niemand mit ihm redet. Ich glaube, dass damals schon meine Seele sehr gelitten hat und vieles an mir vorbeiging.

Wenn ich mir heute die Lage meiner Eltern vorstelle, 27 bzw. 28 Jahre alt, 3 Kinder im Alter von 8, 4 und ½ Jahr, eine kleine Wohnung, nur ein Verdienst, kein Auto und jetzt sollten sie auch noch Laufübungen mit mir machen; sie waren echt überfordert. Zu Weihnachten bekam ich einen Puppenwagen, daran konnte ich mich festhalten während meine Mutter meinen Bruder im Kinderwagen fuhr.

Aus heutiger Sicht muss ich sagen, dass der 2 Pfund schwere Silbernagel in einem so schmalen kindlichen Bein doch eine enorme Belastung für mich war. Ich hatte mich kaum an den Nagel gewöhnt, musste dieser nach genau einem Jahr wieder aus dem Bein entfernt werden. Also wieder Krankenhaus, Bein aufschneiden, Nagel rausnehmen, mit 5-6 Fäden wieder zunähen. Ein paar Tage warten und dann wieder Fäden ziehen und ab nach Hause.

Nun bin ich wieder mal vom Krankenhaus zu Hause und mache mir meine Gedanken. Ich bin ein sehr ruhiges und stilles Kind. Niemand spricht mit mir, also versuch ich alles dem Mond anzuvertrauen. Ja, der Mond hat schon in meinen Kindertagen eine große Rolle gespielt. Sein Anblick, hatte immer etwas Tröstliches für mich. Ich habe mich in einer Art geistiger Kommunikation ihm anvertraut. Das hat mir immer sehr gut getan. Auch heute ist er

noch ein guter Freund, so was wie ein alter Bekann-
ter auf den Verlass ist. Er kommt immer wieder und
ist immer für mich da.

Ich komme immer mehr den Pflichten einer großen Schwester nach und bin vor allem für den kleinen Joachim da. Heute weiß ich, dass ich schnell erwachsen wurde und von Kindheit kaum keine Spur da war. Ich habe immer versucht, das Beste aus allem zu machen. Die Schule wurde ein großes Problem, weil ich nicht richtig sehen konnte; weder an der Tafel noch im Heft. Alles ist nach ein paar Sekunden verschwommen, keiner hat es gemerkt und für mich war das so normal. Erst als ich aus der Schule kam, habe ich eine Brille bekommen. Ich habe immer wieder an mir gezweifelt und auch gespürt, dass irgendetwas anders ist. Nur nicht was? Auf die Idee, dass ich schon in der Schule eine Brille gebraucht hätte, war damals niemand gekommen. Meine Eltern nicht und auch kein Lehrer.

Als ich ungefähr 10 Jahre alt war, hatte ich einen Traum. Ich war alleine zu Hause, es war ein Zweifamilienhaus. Im Erdgeschoß wohnte ein Ehepaar und wir wohnten im Obergeschoß. Die Kinderzimmer waren ganz oben im Dachgeschoß. Wie gesagt, ich war allein und es klopfte im Obergeschoß in der Küche am Fenster. Ich ging hin, schaute raus, aber da war niemand. Ist ja auch klar, so groß ist niemand, dachte ich. Da klopfte es auch schon wieder, diesmal im Elternschlafzimmer, auch da schaute ich nach und es war auch diesmal niemand da. Ich konnte gar nicht denken in diesem Traum, weil die Zeit dazu fehlte. Es klopfte schon wieder, diesmal am Wohnzimmerfenster, dann am Fenster im Badezimmer, aber nie war jemand da. Ich wurde wach, dachte kurz über den Traum nach und es war gut. Aber von da an hatte ich diesen Traum ungefähr ein Mal in der Woche. Dies ging ungefähr ein Jahr lang. Kein Wunder dass mir dieser Traum seit 43 Jahren nicht mehr aus dem Kopf geht.

Als ich zwölf Jahre alt war, hatten meine Eltern eine Stelle als Hausmeister angenommen. Wir sind daher von dem Siedlungshaus in das Rathaus umgezogen. Das war wieder völlig anders und eine neue Erfahrung für mich. Die Wohnung war so aufgeteilt, dass im Erdgeschoß die Post ihre Räume hatte und wir zwei Räume, die wir abschließen konnten. Eine große Küche mit Essecke sowie ein kleines Wohnzimmer. Im Obergeschoß hatten wir ein Kinderzimmer mit drei Betten und einem Schrank. Wenn wir in unser Kinderzimmer gehen wollten, mussten wir immer durch das Elternschlafzimmer gehen. Dieses Zimmer musste auch immer abgeschlossen sein, weil im Haus viele Menschen ein und aus gingen. Auch ein kleines Badezimmer mit Dusche war vorhanden. Ansonsten waren da noch ein großer Sitzungssaal mit 40 – 50 qm sowie drei große Büroräume der Gemeindeverwaltung. Diese Räumlichkeiten, sowie die Treppe und der untere Flur mussten von uns geputzt werden. Diese Aufgabe wurde mir von meinen Eltern übertragen. Also täglich kehren, Aschenbecher leeren, am Wochenende Wischen und Bohnern und in bestimmten Abständen Fenster putzen. Es gab einiges zu tun. Heute kann ich mich nicht erinnern, gespielt zu haben. Handarbeiten und Bastelarbeiten habe ich gemacht, auch gelesen habe ich in meiner Freizeit.

Ich war oft erkältet, hatte immer wieder Mandelentzündung und bekam Penicillin. Im Alter von zwölf Jahren, wäre ich fast an einer Orange erstickt. Daraufhin wurden mir die Mandeln und die Rachenpolypen entfernt. Dies waren wieder acht Tage Krankenhausaufenthalt. Die nächsten drei Jahre blieb mir ein weiterer Krankenhausaufenthalt erspart.

* * * * *

Heute ist der 12. Mai 2008, ich bin im Westpfalz-Klinikum in Kaiserslautern und schreibe hier weiter.

Mit 13 Jahren habe ich mich zum ersten Mal verliebt in einen Nachbarsjungen. Peter war fünf Jahre älter als ich. Es war eine sehr romantische Zeit. Wenn in seinem Zimmer das Licht anging, ging bei mir das Herz auf. Irgendwann hat er mich bemerkt und hat mir gewunken; da ist mir fast das Herz stehen geblieben. Dann war es soweit und er fragte mich, ob ich mit ihm einen Ausflug in die Weinberge machen würde. Ich habe natürlich ja gesagt. Meine Eltern wussten nichts davon. Ich war so unbedarft, so unschuldig und so verliebt. Nicht im Traum hätte ich an was Böses gedacht. Heute weiß ich, dass das auch hätte schief gehen können. Solche Ausflüge haben wir noch öfter gemacht und es war immer sehr schön. Für mich war es eine reine Liebe. Diese erste Liebe hielt ungefähr ein Jahr, dann hatte er eine Andere. Aber das war im Nachhinein in Ordnung.

Mit 14 bzw. 15 Jahren hatte ich Probleme mit der Atmung und schnarchte wie ein Bär. Die ärztliche Untersuchung ergab, dass ich Nasenpolypen hatte und diese sollten entfernt werden, was auch geschah.
Mittlerweile kam ich aus der Schule und hatte eine Arbeitsstelle. Mit 15 Jahren war ich zusammen mit meinen Eltern in der Schuhfabrik. Ich habe überall

mal reingeschnuppert, es hat mir zwar Spaß gemacht, aber lieber wäre ich ins Hotelfach gegangen.

Mit 16 Jahren hatte ich meinen ersten offiziellen Freund. Meine Eltern wussten also Bescheid. Er war etwas schüchtern, sehr nett, etwas klein, aber dennoch ungefähr fünf Zentimeter größer als ich. Was ich auch noch sehr gut weiß ist die Tatsache, dass er sehr ungeduldig war. Nach ein paar Monaten hatte ich immer öfters Schmerzen im rechten Unterbauch. Mein Freund hat mich angerufen und wollte mich abholen. Ich hatte aber wieder Schmerzen und ich sagte ihm, dass ich nicht weggehen könne. Er wollte das nicht akzeptieren und benahm sich verbal daneben. Es war mir alles zuviel, ich konnte das Gerede nicht weiter ertragen und habe dann am Telefon Schluss mit ihm gemacht. Ein paar Tage später hat mich mein Vater ins Krankenhaus nach Rodalben gefahren. Wir mussten zur Blutentnahme ins Labor. Dort standen wir und warteten auf den Arzt. Als dann ein Krankenpfleger kam, fragte er uns „ Ja, wo ist denn nun ihre Tochter?". Mein Vater und ich sahen uns nur an, dann zeigte mein Vater auf mich und sagte: „Das hier ist meine Tochter". „Ach so", sagte er, „ich dachte sie wären die Eltern". Wir haben dann alle drei über diese Sache gelacht.

Man stellte dann fest, dass ich eine Blinddarmentzündung hatte; ich sollte gleich hierbleiben. Als ich da im Krankenhaus lag, hatte ich ein sehr schönes Erlebnis. Ein Krankenpfleger sagte eines Abends zu mir ganz leise, „komm mal mit, ich zeige dir was schönes". Ich fragte mich, was er mir wohl zeigen wollte. Wir gingen etwas den Flur entlang, zwei oder drei Zimmer weiter blieben wir vor der Tür stehen. Mit den Worten „Psst, ganz leise sein" öffnete er die Tür, machte das Licht an und mich lachten ca. 50 Osterhasen an. Diesen Anblick, kurz vor Ostern, werde ich nie vergessen. Wenn ich heute daran denke, wird es mir wieder ganz warm ums Herz. Da bin ich wieder an einem Punkt an dem ich feststelle, nicht nur die großen Dinge sind schön und gut, sondern besonders die kleinen Dinge sind wichtig und bleiben länger im Gedächtnis. Dieses Glücksgefühl, das man beim Anblick von etwas Schönem hat, kann einem niemand mehr nehmen. Nicht das Besitzen von Dingen ist wichtig, sondern das Erlebnis das wir damit hatten. Meine Reichtümer sind Erlebnisse, die nur mir allein gehören, die ich jetzt aber weitergeben möchte um vielleicht auch andere Menschen etwas sensibel dafür zu machen.

Nun gut, jetzt war auch der Blinddarm draußen und ich hatte jetzt meine Ruhe. Ruhe vor dem Krankenhaus. Mal wieder ganz normal leben.

Als ich 17 Jahre jung war, ist mir ein Mann begegnet. Ich kann mich nicht mehr erinnern wo das war; wenn ich mich recht entsinne hieß er Dieter. Aber was ich noch genau weiß, er hatte eine Kette um den Hals mit dem Namen Doris. Er war einige Jahre älter und wollte sich immer nur mit mir unterhalten, was mir sehr recht war. Wir konnten uns sehr gut unterhalten und wenn er mal nicht kommen konnte, hat er mir sehr schöne Briefe geschrieben. Auch Gedichte hat er verfasst. Ich mochte ihn sehr gerne. Irgendwann kam er nicht mehr; vermutlich ließ ihn Doris nicht mehr fort. Das hat mir leid getan und ich war traurig, weil die Gespräche mit ihm so gut getan hatten.

Das Leben nahm seinen Lauf, ich arbeitete weiter in der Schuhfabrik und ich merkte, dass sich ein junger Mann für mich interessierte. Den Namen habe ich vergessen, wenn er mich sah ist er immer rot geworden. Ich fand das sehr süß.
Ich war mittlerweile 18 Jahre alt und rasselte immer mehr mit meiner Mutter zusammen. Ich musste immer alles machen; meine Brüder nichts. Es war mir einfach zuviel und ich bin zu Hause ausgezogen. Ich hatte kurz vorher einen vier Jahre älteren Mann kennengelernt und zog zu ihm in sein Elternhaus.

Ich wohnte also mit meinem Freund in einem kleinen Dorf, es war etwa eine halbe Stunde von Leimen entfernt. Mein Chef hat mich gefragt ob ich den VW-Bus fahren würde und mehrere auswärtige Arbeiter morgens abholen sowie abends nach Hause bringen würde. Da ich den Führerschein hatte und sehr gerne Auto fuhr, habe ich natürlich zugesagt. Die Leute kamen alle aus der Umgebung, in der ich mit meinem Freund wohnte. Das war natürlich sehr praktisch. Mit mir waren wir acht Personen. Alle Mitfahrer waren älter als ich. Das war ein großer Schub für mein Selbstbewusstsein, das mir sehr gut getan hat. Ob sich der junge Mann, der immer rot wurde wenn er mich sah, auch gut gefühlt hatte, ist mir nicht bekannt. Jedenfalls saß er auch täglich mit ihm Bus.

Ich war immer noch 18 Jahre alt als mein Freund und ich uns verlobten. Mit meinem Arbeitsplatz wurde es immer schlechter. Irgendwann musste die Schuhfabrik schließen und ich suchte eine neue Arbeit. Mittlerweile hatten wir angefangen ein Haus zu bauen. Die Fundamente waren ausgehoben, die Kellerwände verschalt und ich hatte schon rund 4.000 DM aus meinen Ersparnissen in den Hausbau investiert. Zu meiner Absicherung haben wir unter uns eine schriftliche Vereinbarung über diese Zahlung getroffen.

Zwischenzeitlich hatte ich auch einen neuen Arbeitsplatz in einem Hotel in Neustadt an der Weinstraße. Ich wollte es nun doch mal probieren im Hotelfach. Ich habe Zimmer geputzt und noch verschiedene andere Arbeiten erledigt. Und habe einen Italiener kennengelernt. Er war so um die 40 Jahre alt, nicht groß, eher klein, nicht besonders schön aber charmant und hat mir den Hof gemacht. Heute kann ich mitreden, wenn es heißt die Italiener lassen nichts anbrennen. Ich fühlte mich das erste Mal als Frau; außer verliebten Blicken war aber nichts. Im Aufzug sagte er mir einen Satz, den ich nie vergesse. Er sagte „Tivolio danto bene".

In dieser Zeit habe ich gemerkt, dass mein bisheriges Leben und die Beziehung zu meinem Verlobten sehr eintönig war. So kam es zu einer Auseinandersetzung und zum Bruch der Beziehung. So konnte ich nicht weiterleben und habe mich entschlossen zu gehen. Als ich ein paar Tage später mit meinem Vater bei ihm war, um meine Sachen abzuholen, war das zu meiner Sicherheit unterschriebene Papier nicht mehr da und somit auch mein Geld verloren. Ich hatte im wahrsten Sinne des Wortes Lehrgeld gezahlt. So wird man im Laufe der Zeit immer Stück für Stück schlauer.

Ich bin von meinem Verlobten dann wieder nach Hause zu meinen Eltern gezogen und bin jetzt inzwischen 19 Jahre alt. Es stellte sich bald erneut heraus, dass ich mit meiner Mutter nicht mehr zu recht kam. Was sollte ich aber machen, Geld hatte ich keines mehr. Meine Eltern arbeiteten inzwischen in einer Schuhfabrik in Merzalben, einem Nachbarort von Leimen. Dort habe ich dann ebenfalls einen Arbeitsplatz bekommen. Die Luft zu Hause wurde immer dicker; aber es musste irgendwie weiter gehen. Wir haben uns dann irgendwann und irgendwie arrangiert und das bestmöglichste daraus gemacht.

* * * * *

Heute ist der 13. Mai 2008. Im Moment sitze ich in meinem Zimmer im Krankenhaus in Kaiserslautern. Es ist 06.35 Uhr und ich schreibe diese Zeilen. Gegen 10.00 Uhr habe ich meinen OP-Termin.

Zu Hause wurde es langweilig, ich wollte mal wieder raus aus dem Ort und wollte was anderes sehen, hatte aber kein Auto. Also sind meine Eltern mit mir (in der näheren Umgebung) nach Queidersbach in das Tanzlokal „Sickinger Hof" gefahren. Wir haben an einem großen Tisch gesessen, uns gegenüber saßen drei junge Männer. Ich habe ihnen zuerst auf die Hände geschaut. Hände sind für mich auch heute immer noch interessant. Die Hände waren sehr unterschiedlich. Das habe ich auch meiner Mutter gesagt, die sich darüber sehr amüsiert hat. Da sich keiner der Männer traute mit mir zu tanzen, hat mein Vater die Sache in die Hand genommen und mit mir getanzt. Es war so ähnlich wie auf dem Viehmarkt, ich wurde vorgeführt. Irgendwann hat sich dann doch einer von den Dreien getraut mich zum Tanzen aufzufordern. Mein Kleid war ohne Träger und um den Hals gebunden, so dass der Rücken frei war. Beim Tanzen ist der Mann mit der Hand auf meinen Rücken gekommen; es hat mir eine Gänsehaut gemacht und mich sehr berührt. Der Abend verging, es war schön, es war mal wieder was anderes.

14 Tage später sind meine Eltern mit mir auf einen Kirchweihtanz nach Rodalben gefahren. Gott sei Dank wieder mal raus. Aber zu früh gefreut. Ich saß

und saß nur am Tisch. Keiner kam um mit mir zu tanzen. Ich habe aber diesen Mann gesehen, mit dem ich vor 14 Tagen getanzt hatte. Er tanzte immer wieder mit einer anderen Tanzpartnerin an unserem Tisch vorbei. Das war sehr frustrierend für mich. Da es zwischenzeitlich kurz vor 24 Uhr war, sagte ich zu meinen Eltern „ Wenn jetzt niemand mehr kommt, können wir um Mitternacht nach Hause fahren". Plötzlich tippte mir jemand von hinten auf die Schulter und fragte mich, ob ich mit ihm tanzen würde. Ich drehte mich um und sah, dass es der junge Mann war, mit dem ich vor 14 Tagen bereits getanzt hatte. „Ja", sagte ich etwas genervt, „deshalb bin ich ja hier". Wir gingen auf die Tanzfläche und tanzten. Er sah mir scheinbar an, dass ich mich geärgert hatte und fragte ob ich sauer wäre. Ich bin fast geplatzt, weil ich so wütend war. Der ganze Abend war umsonst, ich habe nicht einmal getanzt. Ich habe ihm einiges an den Kopf geworfen. Aber es war der Anfang von einem langen Gespräch und gleichzeitig von einem langen Tanz über eine Stunde. Dabei kam einiges heraus; dass er Gerhard hieß und dass er sich schon dienstlich mit meiner Mutter unterhalten hatte. Auf die Frage, warum er mich nicht schon früher zum Tanzen geholt habe, erklärte er mir, dass ein Kumpel vor 14 Tagen gesehen haben will, dass wir in ein Auto mit einem

Kennzeichen aus Bad Kreuznach eingestiegen seien. Ich hätte ihm zwar gefallen, aber Bad Kreuznach sei ihm für ein Kennenlernen zu weit entfernt gewesen. Deshalb also verlief der Abend bis vor über einer Stunde so langweilig. Da es jetzt schon so spät war und meine Eltern nach Hause wollten, fragte er mich ob wir das Gespräch am Sonntagmittag fortsetzen könnten. Wir verabredeten uns dann auf 14.00 Uhr an diesem Sonntag, dem 10. September 1974.

Wir sind spazieren gefahren und auch ein Stück gelaufen. Wir waren Kaffee trinken und haben viel geredet. Als ich erfuhr, was er beruflich macht, dachte ich „aufpassen", vielleicht spielt er nur mit dir. Auch da habe ich mich wieder klein gemacht und dachte, was will er mit mir? Wir hatten auch mal ein langes Gespräch vor meiner Haustür bis früh morgens gegen 04.00 Uhr. Er versuchte mir klar zu machen, warum er mit mir zusammen ist; ganz langsam habe ich ihm geglaubt.
Ich arbeitete immer noch in der Schuhfabrik in Merzalben, hatte mich erkältet (wieder mal) und hatte Angst um meinem Arbeitsplatz. Auch als ich schon Fieber hatte, ging ich pflichtbewusst zur Arbeit. Jeder kann sich sicher vorstellen, dass das nicht gut gehen konnte. So war es auch. Kurze Zeit

später konnte ich nicht mehr aufstehen, Hände und Füße waren geschwollen und taten sehr weh. Fieber hatte ich auch noch. Der herbeigerufene Arzt meinte, dass ich eine Grippe verschleppt hätte und ins Krankenhaus müsse. Dort hat man einen Schatten auf der Lunge festgestellt. Ich bekam Penicillin und kurz darauf hatte ich einen Ausschlag. Der ganze Körper war übersät mit roten Ringen. Es stellte sich heraus, dass ich auf Penicillin allergisch reagiere. Die Behandlung wurde dann umgestellt und ich musste insgesamt fünf Wochen im Krankenhaus bleiben. In dieser Zeit lag mein 20.Geburtstag. Anschließend sollte ich zur Kur gehen. Dies wollte ich aber nicht, da ich nicht ohne Gerhard sein wollte. Wir waren bereits seit dem 19. April 1975 verlobt.

Ein gutes Jahr nach unserem Kennenlernen haben wir geheiratet. Am 07.11.1975 vor dem Standesamt und einen Tag später am 08.11.1975 in der Pfarrkirche St. Josef in Rodalben.
Wir wollten schon früher heiraten, aber die Wohnung bei meinen Schwiegereltern (im Erdgeschoß) wurde nicht früher frei. Es war eine kleine Wohnung, es war aber sehr gemütlich und vor allen Dingen mussten wir keine Miete zahlen.

Inzwischen hatte ich auch bei einer großen Schuhfabrik in Rodalben einen neuen Arbeitsplatz gefunden.

Obwohl nach meinem Unfall 1963 die landläufige Meinung bestand, dass ich keine Kinder bekommen könne, wurde ich Ende 1976 schwanger. Es war eine schöne Zeit und eine neue Erfahrung; wir freuten uns auf unser Kind. Ich habe erst ca. fünf Kilo abgenommen und danach erst zugenommen. Ab dem achten Monat hat man es mir erst richtig angesehen, dass ich schwanger war. Einziger Wermutstropfen in dieser Zeit war die Tatsache, dass sich meine Eltern im Frühjahr 1977 trennten und sich scheiden ließen.

Die Geburt war nicht einfach, es musste mit der Saugglocke nachgeholfen werden. Christine kam am 19.09.1977 um 12.15 Uhr zur Welt. Sie hatte 10 Tage Verspätung. Sie wog 6 Pfund und war 50 cm groß. Sie hatte schwarze Haare und war ein Wonneproppen. Nur wenn sie Hunger hatte, schrie sie wie ein Löwe; das war dann Stress für mich.

Christine war sehr unkompliziert und lieb. Als sie ein gutes Jahr alt war sprach sie schon kleine Sätze und war „sauber".

Zu der Zeit haben wir uns Gedanken gemacht, ob wir an das Elternhaus anbauen sollten. Wir waren jetzt zu Dritt in einer 58 qm Wohnung. Christines Zimmer war 2 x 2 Meter groß. Es war alles sehr eng. Wir haben uns umgehört, mit Fachleuten gesprochen und sind dann zu dem Entschluss gekommen doch lieber neu zu bauen, das Elternhaus zu verkaufen und die Eltern mit in das neue Haus zu nehmen. Da Gerhard und ich Bausparverträge hatten, aber keine Maurer oder ähnliche Berufe unter unseren Freunden hatten, die uns beim Bauen helfen konnten, haben wir uns für ein Weber-Fertighaus entschieden. Eine weise Entscheidung, die wir bis heute nicht bereut haben. Am 13. Juni 1979 sind wir in unser neues Haus in Rodalben eingezogen. Die Wohnungen waren zwar fertig, im Keller und um das Haus war jedoch noch jede Menge Arbeit. Aber wir waren ja noch jung, da sieht alles nicht so schlimm aus.

Nach ungefähr sechs Wochen war ich schlimm erkältet, war beim Arzt und habe erfahren, dass es nicht nach einer Erkältung aussieht, sondern nach Heuschnupfen. Die folgende Desensibilisierung über einen Zeitraum von zwei Jahren hat nicht geholfen. Es kamen statt dessen Kreuzallergien dazu.

Kurz darauf wurde ich wieder schwanger. Natürlich war der Wunschgedanke da, einen Jungen zu bekommen, aber ich glaubte nicht daran, dass wir so viel Glück haben würden. Die Schwangerschaft war sehr schön, ohne Komplikationen. Auch die Geburt war sehr schön. Meine Nachbarin, die auf der Station als Krankenschwester arbeitete, die Hebamme und mein Mann waren bei mir. In den Wehen haben wir noch Kaffee getrunken. Früh morgens, gegen 5 Uhr am 09. Oktober 1981, kam dann Christian zur Welt, ein Junge. Ich sollte dort schon an meine Bestellungen glauben; aber damals wusste ich davon noch nichts. Christian war so süß, hatte dunkle Haare, war gebräunt als wäre er auf der Sonnenbank gewesen. Er wog sechs Pfund und war 51 cm groß.

In der Zwischenzeit waren auch die Eltern meines Vaters verstorben, Opa Franz am 04.10.1977, im Alter von 69 Jahren. Omi Irmgard, ebenfalls mit 69 Jahren, am 11.12.1981.
Wenn ich mir die Daten ansehe, stelle ich fest, dass beide kurz nach der Geburt unserer Kinder gestorben sind. Dies ist mir erst jetzt aufgefallen. Auch da mache ich mir so meine Gedanken.

Der 23.12.1982 war ein schwarzer Tag. Mein Vater hatte einen schweren Autounfall, an dessen Folgen er noch am gleichen Tag verstarb. Er war auf vereister Fahrbahn ins Schleudern gekommen und mit einem Lastwagen zusammengeprallt. Er wurde nur 48 Jahre alt. Christine war fünf und Christian ein Jahr alt. Am Silvestermorgen wurde er beerdigt. Gerhard und ich waren dabei, erinnern kann ich mich aber nicht daran. Ich habe alles ausgeblendet, auch mich.

Im Sommer 1983 haben wir immer mal wieder fürs Wochenende eine Familien-Bahnkarte für die Ferienzeit gekauft und sind mit dem Zug in verschiedene Städte gefahren. In dieser Zeit hat ein neues Martyrium angefangen; ich hatte zeitweise einen Puls von 280 und kam ins Krankenhaus. Ich bekam eine Isoptin Spritze, die mir sehr schnell geholfen hat. Man hat mich, wie man so sagt, links und rechts gemacht. Es wurde damals vermutet, dass ich eine Herzmuskelentzündung habe. Die Ärzte haben mehrere Beta-Blocker an mir ausprobiert; von zwei Präparaten habe ich erst recht Herzrasen bekommen. Ich habe dann gar nichts genommen, mir ging es ja wieder gut. Von nun an kam ich jedes Jahr drei bis zehn Mal mit einem 300er Puls ins Krankenhaus; diese Odyssee ging bis 1996 und somit 13 Jahre, aber dazu später mehr.

1985 habe ich auf Anraten des Chefarztes des Krankenhauses Rodalben, ambulant unter Belastung, einen kleinen Herzkatheder im Krankenhaus Kaiserslautern machen lassen. Den großen Herzkatheder habe ich abgelehnt. Ich hatte schon viel darüber gehört und hatte Angst vor dieser großen Untersuchung. Ich kenne Ärzte, die sich harmlosere Untersuchungen nicht machen lassen würden. Ist es verwunderlich, dass ich vor dieser doch größeren Untersuchung Angst hatte?

Ich habe ja die ganze Zeit noch halbtags in der Schuhfabrik gearbeitet. Aber auch diese Fabrik produzierte immer mehr im Ausland und daher wurden zuerst die Halbtagskräfte entlassen. Meine Entlassung erfolgte Ende Oktober 1986. In dieser Phase wollte ich einen Familienhund haben. Wir haben gesucht und dann ein paar Wochen später unseren Maxl gefunden. Er war am 09.Sept.1986 geboren, war acht Wochen alt und eine ganz süße Mischung aus Dackel und Schäferhund.

Wir hatten zwar keine weiteren Kinder geplant, aber uns wurde doch noch eins geschenkt. Es war im Frühjahr 1988 als ich bemerkte, das da was nicht stimmt. Tatsächlich war ich wieder schwanger, ob es ein Mädchen oder Junge wird war nun egal. Wir haben uns überraschen lassen. Als ich im vierten Monat war, sind wir mit unseren zwei Kindern und dem Hund für eine Woche an die Nordsee gefahren. In dieser Woche war ich an drei Tagen bei einem Frauenarzt und bekam Infusionen, weil ich Bauchkrämpfe hatte. Die Angst war groß das Kind zu verlieren. Im sechsten Monat war ich wieder im Krankenhaus wegen meinem Herzrasen. Zwei Tage Intensivstation, dann ging es wieder und ab nach Hause. Wieder ein paar Wochen später ist meine Schwiegermutter zusammengebrochen, hat sich dabei ein paar Wirbel gebrochen und musste sechs Wochen im Krankenhaus flach liegen. Sie kam dann mehr oder weniger als Pflegefall nach Hause. Sie hatte Zucker und musste täglich gespritzt werden, was aber mein Schwiegervater erledigte. Ich habe in meinem Zustand für alle gekocht und die Wäsche gemacht. Es war für uns alle eine harte Zeit. Durch die viele Arbeit und die Schwangerschaft konnte ich mich nicht mehr so viel um unsere Kinder kümmern; sie waren zwar schon elf und sieben Jahre alt, aber sie brauchten mich ja immer noch.

Am 19.12.1988 um 15.15 Uhr kam dann unser Nesthäkchen Sabrina auf die Welt. Sie war 51 cm groß und sechs Pfund und 200 Gramm schwer. Ursprünglich wäre der Geburtstermin der 24. Dezember gewesen. Da ich aber nicht mehr liegen, sitzen, stehen oder laufen konnte, sind wir vorzeitig ins Krankenhaus gegangen und mit einem Wehentropf wurde nachgeholfen. Heute würde ich dies aber nicht mehr tun. Am Heilig Abend durfte ich mit Sabrina nach Hause. Mein Mann hatte bereits den Weihnachtsbaum aufgestellt, die Wohnung war geputzt und die Babywiege stand neben dem geschmückten Weihnachtsbaum. Dieses lebendige Geschenk an Weihnachten war etwas ganz besonderes.

Die Schmerzen die ich im vierten Monat an der Nordsee hatte, sind immer wieder gekommen. Bei einer Ultraschalluntersuchung wurde dann festgestellt, dass ich Gallensteine hatte. Um die Steine eventuell aufzulösen, habe ich fünf Wochen lang Tabletten genommen, ohne Erfolg. Mit einer Ernährungsumstellung habe ich versucht, die Koliken zu vermeiden, was mir aber nur zeitweise gelang. Man erklärte mir im Krankenhaus, dass sich wahrscheinlich eine Gallenblasen-Operation nicht vermeiden lässt. Und immer wieder Koliken, ich habe mich durch die Zeit geschleppt und die anstehende Operation hinausgezögert. Ich musste ja weiterhin für die ganze Familie kochen, den Haushalt machen und Sabrina musste auch immer wieder gestillt werden.

Am 05.August 1989 hat meine Schwiegermutter einen Hirnschlag erlitten, an dem sie im Krankenhaus verstorben ist. Ab jetzt hatten wir den Schwiegervater ganz bei uns; er war zwischenzeitlich auch schon 74 Jahre alt.

Anfang Oktober 1989 war ich mal wieder von einer Gallenkolik so fertig, dass ich mich hingelegt hatte. Gerhard war irgendwo im Haus mit diversen Arbeiten beschäftigt. Sabrina ist im Gehfrei herum gelaufen, sie war zehn Monate alt und sehr schwer. Die Kellertür war wahrscheinlich nur angelehnt, Sabrina muss die Tür aufgemacht haben und ist mit dem Gehfrei die Kellertreppe hinuntergestürzt und unten mit dem Kopf an die Wand geprallt. Sie hat sehr geblutet und geschrien. Gerhard hat die Kleine dann hoch geholt, mir gegeben und wir sind mit dem Auto schnell ins Krankenhaus gefahren. Hier sei einmal erwähnt, dass wir Gott sei Dank mit dem Auto in ungefähr fünf Minuten das Krankenhaus erreichen. Sabrina wurde hier an der Lippe genäht, ich musste eine Nacht mit ihr dort bleiben.

Und ich hatte immer wieder Koliken. Am 09.Oktober 1989, an Christians achtem Geburtstag, musste mich Gerhard morgens gegen fünf Uhr ins Krankenhaus bringen, weil die Gallenkoliken nicht mehr aufhörten. Durch die vielen Koliken hatte sich ein Stein vor die Bauchspeicheldrüse gesetzt und meine Blutwerte waren dadurch sehr schlecht. Ich wurde in die Uni-Klinik Homburg gebracht. Dort wurde der Stein mittels Schlauch entfernt. Nachdem sich die Blutwerte wieder normalisiert hatten, wurde im Krankenhaus Rodalben die Gallenblase entfernt. Nachdem ich aus der Narkose erwacht war, hatte ich wieder Koliken. Ich konnte es nicht verstehen, dass auch nach der OP Gallenkoliken auftreten konnten. Die Ärzte erklärten mir, dass wahrscheinlich noch Gallengrieß in dem Gallengang war. Ich bekam noch zwei Tage Infusionen und war dann insgesamt mal wieder drei Wochen im Krankenhaus gewesen.

Montags sollte ich entlassen werden, deshalb durfte ich sonntags ein paar Stunden nach Hause gehen. Gerhard hat mich abgeholt, er war sehr blass und sagte er habe einen Migräneanfall. Wir kamen dann nach Hause, Gerhard musste sich im Bad übergeben und sich im abgedunkelten Zimmer hinlegen. Ich musste notgedrungen, das von Gerhard bereits vorbereitete Essen fertig kochen und mich um die Kinder, die jetzt zwölf und acht Jahre sowie 10 Monate alt waren, kümmern. Abends wieder im Krankenhaus angekommen war ich fix und fertig. Montags kam ich dann nach Hause und alles nahm seinen gewohnten Gang.

Am 07.November 1992 habe ich wegen meiner Allergien eine Behandlung bei einem Heilpraktiker begonnen.

Im Dezember 1992 erfuhr ich von der Krebserkrankung meiner Mutter, die damals in Wörth am Rhein wohnte und wieder verheiratet war. Anfang März 1993 wurde sie in Karlsruhe operiert. Nach einem kurzen Krankenhausaufenthalt war sie dann bei uns, wurde von mir gepflegt und ich musste eine spezielle Diät kochen. Da ihr Mann tagsüber arbeiten musste, war dies für meine Mutter die beste Lösung. Am Wochenende kam ihr Mann um sie bei uns zu besuchen. Jetzt hatte ich einen Acht-Personen Haushalt. In dieser Zeit hatte ich soviel zu tun, dass mir jegliche Erinnerung an mich fehlt. Ich habe mich umgehört, wo man Menschen doch noch helfen kann, die von den Ärzten aufgegeben wurden. Ich hörte von einer Klinik in Öschelbronn. Ich habe mit meiner Mutter darüber gesprochen und sie war einverstanden, dort hin zu gehen. An meinem 38.Geburtstag, am 05. Mai 1993 wurde sie von ihrem Mann abgeholt und in die Klinik nach Öschelbronn gebracht. Abends rief er mich an, um mir mitzuteilen, zu welchen Zeiten ich sie anrufen könne. Morgens gegen 09.00 Uhr rief ich an, konnte sie aber am Telefon nicht erreichen. Ich habe es noch mehrfach probiert, ohne Erfolg. Gerhard kam an diesem 06.Mai etwa 1 ½ Stunden früher zur Mittagspause nach Hause. Das war nicht üblich, ich habe ihn angeschaut und ich wusste, dass meine Mutter nicht mehr lebte. Ihr Kreislauf hatte versagt.

Wir waren zwar auf der Beerdigung meiner Mutter, aber ich hatte noch nicht begriffen dass sie nicht mehr da war. Sabrina war vier Jahre alt und bekam auf der Beerdigung Fieber. Am nächsten Tag hatte sie rote Flecken am Körper. Wir waren bei der Kinderärztin, sie stellte die Diagnose „Windpocken". Zu Hause angekommen, hatte ich schon den Telefonhörer in der Hand und wollte meine Mutter anrufen, um ihr zu erzählen was mit Sabrina los ist. Wie gesagt, ich hatte es noch nicht begriffen.

Im gleichen Jahr, am 01.November, ist mein Opa Robert im Alter von über 80 Jahren gestorben. Er war sehr krank und der Tod war ein Geschenk.

Im Sommer 1994 hatte ich eine dieser Herzattacken auf dem Flohmarkt in Kaiserslautern. Es waren eben diese Attacken bzw. Pulsrasen, die normalerweise mehr in der Nacht auftraten und mich seit 1983 unregelmäßig, aber doch öfters heimsuchten. Eine Freundin, die nebenan ihren Stand hatte, hat den Rettungswagen alarmiert, der mich ins Krankenhaus brachte. Es war nicht schön, dass ich meine Artikel nicht selbst wieder einräumen konnte, aber die Freundin und ihr Mann haben diese Arbeit gerne für mich übernommen. Gerhard war inzwischen ebenfalls angekommen, war bei mir im Krankenhaus und kümmerte sich auch um die Flohmarktsachen. Flohmarkt mache ich übrigens seit 1990 mit ständig wachsender Begeisterung; auch heute habe ich noch viel Spaß dabei. Es ist für mich immer wieder eine Auszeit, eine Art Kurzurlaub vom normalen Leben.

Ich habe noch einmal angefangen zu arbeiten, weil das Geld doch ein bisschen knapp war. Ich habe in einem Privathaushalt zwei Mal in der Woche geputzt. Aber nach ungefähr einem Jahr habe ich innerhalb einer Woche zwei Herzattacken bekommen und konnte die Arbeit leider nicht mehr weiter machen. Dann war da diese eine Nacht, in der ich zwei Mal ins Krankenhaus musste und zwei Mal eine

Isoptin-Spritze bekam. Am nächsten Morgen hat der Chefarzt der Inneren Abteilung, der mich ja zwischenzeitlich bestens kannte, mit mir gesprochen und gesagt, dass jetzt unbedingt was gemacht werden müsse.

Anfang Februar 1996 hat man bei einer großen Herzkathederuntersuchung festgestellt, dass ich einen doppelten AV-Knoten habe. Ein AV-Knoten ist das sekundäre Schrittmacherzentrum des Herzens und an der komplexen Regulation der Herzfrequenz beteiligt. Nach diesem Eingriff hat sich bei mir eine Venenentzündung im Oberarm entwickelt, die sehr schmerzhaft war und einige Tage dauerte.

Am 29.Februar 1996 habe ich in der Uni-Klinik Homburg eine fünfstündige Katheder-Operation bei vollem Bewusstsein überlebt. Einer der AV-Knoten wurde verkocht, er war also wie ausgelöscht. Diese fünf Stunden waren für mich eine übermäßige Kraftanstrengung. Ich habe gespürt, wie die Katheder in bzw. durch meinen Körper geschoben wurden. Ich war voller Angst und sehr müde. Diese Müdigkeit hatte auch damit zu tun, dass ich in der Nacht nicht richtig schlafen konnte. Meine Bettnachbarin hatte so stark geschnarcht, dass ich mein Bett mitten in der Nacht auf den Flur geschoben und dort wenigstens einigermaßen noch ein paar Stunden geschlafen habe. Die Nachtschwester war anfangs nicht damit einverstanden, ließ mich dann aber doch gewähren.

Nach acht Wochen war ich zur Nachuntersuchung, es war alles in Ordnung. Psychisch ging es mir zwar nicht so gut, aber nach einer gewissen Zeit war ich fast wieder die Alte.

Und trotzdem merkte ich, dass sich jedes Mal nach einem Krankenhausaufenthalt etwas in mir verändert hatte und ich mich immer beschützt fühlte; meine Engel waren und sind immer bei mir.

Ich wollte endlich mal etwas für mich alleine tun. Ich dachte da an malen und habe bereits Ende 1995 damit angefangen. Es waren alles Seelenbilder, die zum großen Teil sehr blutig waren und auch sehr schwarz. Sie haben mir nicht gefallen, aber mit jedem Bild das aus mir draußen war, war mir leichter. Nach und nach wurden die Bilder farbiger und für mich schöner. Heute weiß ich, dass das Malen für mich eine Therapie war und immer noch ist.

Ich habe Anfang 1996 Malkurse belegt bei verschiedenen Dozenten. In der Zeit habe ich viele Menschen kennengelernt und ein Teil von ihnen ist heute noch mit mir befreundet. Ich habe vieles gelernt, z.B. Licht und Schatten richtig zu setzen oder die richtigen Perspektiven und verschiedene Techniken. Alles was mir beim Malen meiner „Bauchbilder" sehr hilfreich war.

Seit dieser Zeit sind die Bilder aus mir heraus geströmt und ich konnte vieles viel besser verkraften und vielleicht auch irgendwie oder irgendwann besser verstehen.

Im Sommer 1996 ist unser Hund Maxl gestorben. Er war krank und hatte Nierenversagen. Wir haben ihn bei uns im Garten begraben, er fehlte mir sehr und ich hatte sehr um ihn getrauert. Er wurde nur 10 ½ Jahre alt.

Nach rund neun Monaten habe ich gesagt, dass ich gerne wieder einen kleinen Hund hätte. Nach kurzem Suchen haben wir dann unseren Blacky gefunden. Schwarz wie die Nacht, die ich so liebe und mit einem weißen Fleck auf der Brust. Er ist ein Ma-Yo-Pu, eine Mischung aus Malteser, Yorkshire und Pudel. Ein richtiger Wollknäuel.

Die nächsten fast vier Jahre waren ruhig, kreativ und schön. Ich konnte mal wieder aufleben, mich sammeln und positive Energie aufladen.

Am 06. November 2000 ist meine Oma Gertrud, im Alter von 93 Jahren, gestorben. Ich hatte sie in den letzten zwei Jahren nicht mehr gesehen.
Ende Dezember 2000 entdeckte ich einen Knoten in meiner linken Brust; ich musste eine Punktion machen lassen, deren Ergebnis aber nicht eindeutig war. So ging auch dieses Weihnachten und Silvester an mir vorbei und ich hatte ein komisches Gefühl. Anfang Januar 2001 habe ich eine Brust - OP über mich ergehen lassen und erst acht Tage später war das Ergebnis da. Gott sei Dank negativ.

Aber ich war nervlich mal wieder am Ende und wollte in Kur gehen. Und weil ich Allergiker bin, dachte ich, dass es nicht schlecht wäre in eine Allergieklinik zu gehen. Ende August war ich dann in der Allergie- und Asthmaklinik in Bad Lippspringe. Es waren drei Wochen Urlaub in einer sehr romantischen Gegend mit sehr unterschiedlichen Menschen. Mit einigen von ihnen habe ich immer mal wieder was unternommen. In der letzten Woche habe ich dann von einem Arzt erfahren, dass ich im Prinzip in der falschen Klinik war. Macht ja nichts, aber es waren schöne Tage.

Am 11. September 2001 habe ich mich von den vielen Menschen die ich lieb gewonnen hatte verabschiedet und habe viel geweint. Mir ging es nicht gut und ich wusste nicht was mit mir los war. Die ganze Zugfahrt war ich traurig, obwohl ich mich freute nach Hause zu kommen. Mein Zug hatte Verspätung und ich rief meinen Mann an, dass ich den Anschlusszug in Kaiserslautern nicht mehr erreiche und voraussichtlich eine Stunde später ankomme. Er hat gesagt, das macht nichts, es sei ja nicht so schlimm. Ich bin dann in Kaiserslautern ausgestiegen, wollte mich wegen dem Anschlusszug informieren und laufe dabei genau in die Arme meines Mannes. Er wollte mich überraschen und hatte sowieso vor, mich in Kaiserslautern abzuholen. Dort erzählte er mir, dass in New York ein Flugzeug in das World Trade Center gerast sei. Er hatte dies kurz zuvor im Radio gehört. Auf der Fahrt nach Hause, hörten wir immer weitere Schreckensmeldungen. Zu Hause angekommen, sahen wir im Fernsehen Bilder dieser unglaublichen Katastrophe. Ich konnte mich gar nicht beruhigen, es war so schrecklich. Ich hatte mit verschiedenen Menschen aus der Kur Telefonnummern ausgetauscht. Gegen Abend haben wir uns dann angerufen und uns über die jeweilige Heimfahrt gegenseitig berichtet. Auch die Ereignisse in Amerika waren ein Gesprächsthema.

Seit Jahrzehnten plagten mich Schmerzen im rechten Schultergelenk, mal mehr mal weniger stark. In den letzten vier bis fünf Jahren waren diese Schmerzen stärker geworden. Bei einer Röntgenuntersuchung stellte man fest, dass eine Entzündung sowie eine Verkalkung im Bereich des Schulter-Armgelenks vorlagen. Ich unterhielt mich mit einer Freundin darüber. Sie meinte, dass sie dieselben Symptome habe, allerdings auf der linken Seite. Sie hat sich dann erkundigt, ob und wie und vor allen Dingen wo man solche Handicaps beheben kann. Sie fand eine Klinik in Saarlouis, wo wir uns beide dann vorstellten. Wir bekamen dann einen OP-Termin Anfang März 2002. Dort wurde ich mit drei kleinen Schnitten operiert. Nach der OP erklärte mir der Arzt, dass er eine Schleimbeutelentzündung sowie starke Verkalkungen im Schultergelenk entfernt habe. Er fragte mich, ob ich irgendwann mal einen Unfall gehabt hätte. Meine Antwort war „Nein, ich kann mich nicht erinnern, außer an den Unfall als Kind im Alter von acht Jahren". „Das kann schon sein, dass das solange zurück liegt" meinte der Arzt. Ich war erschüttert, dass mich jetzt nach 39 Jahren der Unfall wieder eingeholt hatte. Nach drei Tagen konnten wir wieder nach Hause.

Jetzt endlich hatte ich wieder mehr Zeit um mich mit dem Malen zu beschäftigen. Viele Engel haben sich mir in den Bildern gezeigt. Jedes mal, wenn ein Engel sichtbar wurde, war ich überwältigt, erstaunt und gerührt. Malen ist eine Therapie, auch für mich.

In dieser Zeit hatte ich auch einige meiner Bilder auf Gemeinschaftsausstellungen und Messen einem größeren Publikum gezeigt. In verschiedenen Gesprächen mit den Besuchern wurde ich bestärkt, in dieser Art weiter zu malen.

Im Herbst 2002 ist unser Sohn Christian nach Erlangen gezogen. Er hat dort einen Studienplatz im Fach Anglistik belegt. Wir haben beim Umzug mitgeholfen und waren zum ersten Mal in Franken.

Unser Hund Blacky ist ein sehr freundliches Tier. Zu Menschen und Tieren hat er ein gutes Verhältnis. Nur Katzen mag er nicht so. Die jagt er gerne. Wenn die Katze aber stehen bleibt und ihn anfaucht, dann hat er Angst und läuft rückwärts. Na ja, die Freundlichkeit wurde ihm dann am 13.01.2005 zum Verhängnis.

Blacky und ich waren gegen 21.30 Uhr nochmals Gassi. Ich sah im Dunklen einen großen fremden Hund und hatte ein komisches Gefühl. In gleichen Moment nimmt dieser Hund Anlauf in unsere Richtung. Blacky ging auf den Hund zu, wie er es immer schon mit anderen Hunden getan hatte. Es ging alles sehr schnell. Dieser große schwarze Schäferhund hat Blacky in die hintere rechte Seite gebissen und geschüttelt. Er hat so geschrien, fast wie ein Kind. Ich habe versucht dazwischen zu gehen, konnte aber nicht verhindern, dass Blacky auch nochmals in die linke hintere Seite gebissen wurde. Die Hundebesitzerin und ich versuchten die Hunde auseinander zu bringen, aber der Schäferhund war wie von Sinnen. Die ganze Szene passierte vor unserem Grundstück auf der Straße. Mit zittrigen Händen bekam ich endlich die Haustür auf und konnte mit Blacky gerade noch ins Haus. Ich konnte gerade noch die Tür schließen und habe noch den dumpfen Aufprall des Schäferhundes an die Tür mitbekommen. Blacky und ich waren fix und fertig. Unser Hund rannte total verstört durch die Wohnung. Da er sehr stark blutete, sah unsere Wohnung aus wie ein Schlachtfeld. Alles voll Blut. Wir sind dann sofort zum Tierarzt gefahren. Er untersuchte ihn und meinte, Blacky wäre sehr schwer verletzt. Er hat ihn operiert und danach gesagt, er wisse nicht ob er durchkommt. Als wir dann wieder zu Hause waren, haben wir die Möbel und den Boden vom Blut gesäubert. Es war einiges zu tun und wir haben sehr intensiv alles gereinigt. Unser Wohnzimmer war ja erst vor einem halben Jahr komplett renoviert und neu eingerichtet worden.

Blacky hat sich wieder sehr gut erholt und auch keinen psychischen Schaden zurückbehalten, aber für mich bedeutete es jede Menge Arbeit und Lauferei zum Tierarzt.

Meine Psyche hat sich von dieser Geschichte noch nicht erholt. Freilaufende oder nicht angeleinte Hunde verursachen seitdem bei mir ein so ungutes Gefühl, dass mir die Knie zittern.

Vom 26.Januar - 01.Februar 2005 war mein Schwiegervater im Krankenhaus. Er war mittlerweile 91 Jahre und sehr krank. Nach kurzem Aufenthalt zu Hause musste er erneut vom 18.Febr.- 06.März 2005 ins Krankenhaus. Am 07.03.2005 kam er dann als Pflegefall nach Hause. Ich hatte sehr viele Termine, sowohl für meinen Schwiegervater, für den Hund und auch für mich. Ich weiß nicht, wie ich dies alles geschafft habe; an viele Zeiten habe ich keine Erinnerung mehr. Das einzige an das ich mich im Nachhinein erinnere, ist meine Malerei und die anderen kreativen Aktivitäten. Nur das hat mich leben lassen.

Anfang März 2005 begann ich eine längere Behandlung beim Zahnarzt. Diese hatte sich bereits Ende des letzten Jahres anlässlich einer Speicheluntersuchung, bei der eine hohe Palladiumbelastung festgestellt wurde, abgezeichnet. Ich hatte einen Wert von 8,5, der Normalwert lag bei 0,2. Auch bei einer anschließenden Zahnuntersuchung wurden erhöhte Schwermetallwerte festgestellt.
Der Zahnarzt schlug mir vor, die Kronen zu erneuern. Diesen Vorschlag hatte er mir schon vor einiger Zeit gemacht. Der Zahnarzt begann damit meine Kronen zu entfernen, dabei kam heraus, dass acht Zähne mit Amalgam gefüllt waren. Dieses

Amalgam wurde vor ca. 30 Jahren von einem anderen Zahnarzt, anlässlich verschiedener Zahnbehandlungen unter den neu eingesetzten Kronen als Füllmittel verwendet. Es war eine harte Prozedur. Weil das noch nicht genug war, ist der Zahnarzt Ende März mit dem Bohrer abgerutscht und hat mir in die Zunge gebohrt. Da hatte ich zusätzlich meinen Spaß daran. Da ich schon über 20 Jahre bei diesem Zahnarzt in Behandlung war, habe ich ihm den Ausrutscher verziehen. Ich bin auch weiterhin bei Zahnproblemen bei ihm in Behandlung. Am 20. Mai 2005 war meine Zahnbehandlung dann endlich beendet.

Anfang April war ich für ein Wochenende mit einer Freundin in einem kleinen Kurzurlaub. Einfach mal weg, nichts tun, nur die Seele baumeln lassen. Leichter gesagt als getan. Ich konnte das alles gar nicht genießen und es war auch viel zu schnell vorbei.

Auch meine Wechseljahre hatten mich voll im Griff. Ich konnte mich nicht mehr auf die Periode verlassen, zudem hat mich der dabei auftretende Blutverlust immer total fertig gemacht. Mein Eisen im Blut war und ist noch immer an der untersten

Grenze. Somit war ich mit allem immer überfordert und hatte keine Kraft mehr.

In dieser ganzen Zeit ist mein Schwiegervater, der zwischenzeitlich an fortschreitender Demenz litt, immer wieder mal entwischt. Ich habe es nicht immer gehört, wenn er fort ging. Mal wurde ich von jemand aus der weiteren Nachbarschaft angerufen, man habe einen Mann gefunden mit einem Zettel mit unserer Telefonnummer drauf. Ich habe ihn dann abgeholt. Mal hat ihn eine Nachbarin nach Hause gebracht. Es ging nicht mehr mit ihm zu Hause; ich wäre kaputt gegangen. Das ganze ging schon rund drei Jahre so und wurde zunehmend schlimmer. Ich konnte nicht mehr.
Am 01. Juni 2005 kam „Opa" dann in ein Pflegeheim im Nachbarort. Ein kleines bisschen aufatmen für uns.

Vier Wochen später, es war der 29. Juni 2005, hatte ich einen Termin beim Augenarzt in Pirmasens. Gegen 08.00 Uhr, unmittelbar vor der Praxis, bin ich schwer gestürzt. Jemand aus der Praxis hat den Krankenwagen gerufen und schon war ich im Krankenhaus. Alles tat mir weh und ich wurde geröntgt. Es waren keine Rippen gebrochen, sie waren „nur" geprellt. Die Brille, die auch kaputt war, hat mir beim Sturz eine Wunde über dem Auge zugefügt. Die Wunde musste genäht werden. Weil das noch nicht reichte, hatte ich mir bei dem Sturz auch noch die linke Hand gebrochen. Meine Hand wurde acht Wochen in Gips gelegt. Man kann sich vorstellen, wie das im Sommer dann mit dem Duschen ging. Normale Menschen fallen im Winter hin oder rutschen aus. Ich mach so was im Sommer. Ist doch mal was anderes. Am 11. August 2005 kam der Gips ab. Und schon ging es weiter.

Da unsere Tochter Christine im Juni 2004 geheiratet hatte und sie sich Kinder wünschte, wurde sie Ende des Jahres schwanger. Am 17.August 2005 kam sie zur Kaiserschnitt-Entbindung ins Krankenhaus. Und wer war dabei? Ich habe meine Enkeltochter Hannah als erste gesehen; ich war schon sehr stolz. Ein süßer Fratz, sie war groß und schwer. Sie hatte lange dunkle Haare, man hätte schon Zöpfe machen können. Es war mein schönstes Erlebnis im Krankenhaus und bei einer OP.

Am 20. August 2005 habe ich eine sehr nette junge Frau kennengelernt. Gesehen hatten wir uns schon mal im November des letzten Jahres. Auf einer Messe auf der ich meine Bilder ausgestellt hatte. Sie hatte mich damals angesprochen und gesagt, dass ihr meine Bilder so gut gefielen. Sie hat sich dann nicht mehr gemeldet. Erst jetzt, lange, lange Zeit später hatte sie mich angerufen und wir haben uns zum Kaffee verabredet. Sie kam und hatte vier oder fünf kleine Päckchen dabei. Alle in Weihnachtspapier eingepackt. Ich hätte gerne mein Gesicht gesehen, als sie mir die Päckchen gegeben hatte. Weihnachten im August! Wir haben uns sehr gut unterhalten und sie erklärte mir, dass sie schon in der Weihnachtszeit des letzten Jahres kommen wollte, aber es nicht geklappt hatte. Und die Zeit verging und jetzt war es August. Da hatte sie spontan angerufen und das war gut so. Ich war sehr froh darüber, da ich auch ein Mensch bin, der oft nicht lange überlegt, sondern vieles spontan macht. Ich bin dabei zwar auch schon enttäuscht worden. Aber es hält mich nichts davon ab, es immer wieder zu tun, da die schönen Erlebnisse überwiegen. Seitdem hat sich eine Freundschaft entwickelt.

Allen Freundschaften zum Trotz, konnte ich nicht mehr und unsere Ehe hatte die nächste Krise. Auf Anraten meines Hausarztes habe ich mir eine Psychologin gesucht, ganz in der Nähe. Sie hat mir in ein paar Therapiestunden geholfen und mir eine Kur vorgeschlagen.

Eine kurze Abwechslung gab es am 25.Nov.2005 durch den Besuch bei Holiday on Ice in Saarbrücken. Mein Mann und eine Freundin waren auch dabei. Es war sehr schön, doch ich konnte mich nicht richtig darüber freuen.

Am 30. November 2005 ist mein Schwiegervater gestorben und an seinem 92.Geburtstag beerdigt worden. Das Jahr 2005 ging mehr oder weniger trostlos zu Ende.

* * * * *

Jetzt ist es mal wieder Zeit ins heute und jetzt zu gehen; diese Zeilen schreibe ich am 27.05.2008 in der Klinik Maria Hilf in Mönchengladbach. Ich weiß nicht wie es hier weitergeht. Heute kann alles passieren oder gar nichts. Meine OP kann nur gemacht werden, wenn noch ein freies Bett für die Intensivstation gefunden wird.
Dazu aber später mehr.

Endlich, am 12.Januar 2006, kam ich in Kur. Ich hatte mir die Psychosomatische Fachklinik in Bad Dürkheim ausgesucht. Ich hatte ein sehr schönes Zimmer. Es war alles drin, auf kleinstem Raum. Bad mit Dusche und WC, ein Bett, ein Schreibtisch, eine Wohnecke mit Sessel und Tisch und ein großer Schrank. Auch einen kleinen Balkon hatte mein Zimmer. Ich habe sofort gefühlt, dass ich mich hier wohlfühlen werde. Aber für den Moment war alles etwas zu viel, ich wusste nicht wo mir der Kopf stand. Meine Orientierung ist nicht die beste und wir, die Neuen, mussten ein paar Wege gehen, von A nach B, und dann wieder von B nach C. Das hat mich ganz schön fertig gemacht, aber es hat uns allen geholfen, die Klinik kennen zu lernen. Das war ja schließlich der Zweck dieser Übung. Ich brauchte eine knappe Woche um mich zurechtzufinden. Dann habe ich auch gemerkt, dass meine Verkrampfung endlich nachließ. Ganz langsam habe ich mich zuhause gefühlt, habe meine Termine eingehalten, war auf Vorträgen und in diversen Gruppen. Abends sind wir schwimmen gegangen, aber nach ungefähr zwei Wochen hat meine Haut das Thermalwasser nicht mehr vertragen. Schade, da ich doch gerne schwimme.

In der Klinik sind mir viele nette Menschen begegnet und jeder hatte ein anderes Problem. Das hat uns aber nicht davon abgehalten unsere Freizeit miteinander zu verbringen. Zwischen den Gruppenstunden war immer mal eine Stunde, mehr oder weniger Zeit und man konnte am Kiosk einen Cappuccino trinken und mit den verschiedensten Menschen plaudern. Ich habe öfter da gesessen, weil ich nicht so viele Gruppen hatte und habe mir das Treiben der Menschen angeschaut. Es war fast so wie auf dem Flohmarkt, so viele verschiedene Menschen.

Mir fällt gerade ein, dass Gott auch eine große kreative Ader hat; diese vielen Formen und Charaktere. Und das bei Natur, Tieren und Menschen. Meine Gedanken schweifen immer öfter ab in das Ganze und ich spüre und fühle diese große Einheit, die uns alle umgibt und miteinander verbindet. Diese Einheit, die sich wie ein Puzzle zusammensetzt, Stück für Stück; ohne unser Zutun. Wir haben Gedanken, Gefühle, Vorstellungen und meinen unser Leben selbst in der Hand zu haben und machen zu können was wir wollen, dabei ist alles Führung und Fügung.

Die Gefühle der Menschen waren für mich immer gegenwärtig, ich konnte sie spüren und manchmal war das ganz schön hart. Aber es war auch toll zu merken, dass man allein durch zuhören schon helfen kann.

Unsere Abendfreizeit haben wir oft mit Kartenspielen verbracht. Wir sind auch mal in verschiedene Lokale zum Essen gegangen oder nur um ein Glas Wein zu trinken. Wir haben uns dabei unsere Geschichten erzählt, Quatsch gemacht und viel gelacht. So ging eine Woche nach der anderen zu Ende.

An den Wochenenden kam Gerhard nach Bad Dürkheim. Mal kam er nur sonntags, mal ein komplettes Wochenende. Es war dann immer eine Art Auszeit, ein „Urlaub von der Klinik". Es hat sich alles schön abgewechselt. An diesen Wochenenden waren wir öfters unterwegs in verschiedenen umliegenden Städten. Auch haben wir in Neustadt eine Aufführung der Stepptanzshow „Lord of the Dance" besucht.

Ich weiß heute, dass diese Kur mein erster richtiger Urlaub war und die erste Erholung in meinem Leben. Meine Kurärztin Frau Dr. Ulbricht hat mich Stück für Stück aus meinem Sumpf geholt; sie hat sich sehr um mich bemüht. Aber ich war oft so gefangen in meiner Vergangenheit, dass sie mir auch das eine oder andere etwas massiver eintrichtern musste, damit es bei mir auch ankam. Nach zwei Wochen war ich soweit und habe mich auch für das Kreativangebot im Atelier interessiert. Zuerst habe ich versucht zu malen. Meine Techniken und die vorhanden Farben waren jedoch nicht kompatibel.

Ich habe mir auch angeschaut, was die anderen Patienten so machen, und bin dann am Ton hängengeblieben. Es interessierte mich, was die Therapeutin so alles über Ton erzählt. Vor 20 Jahren hatte ich auch schon mal einen Tonkurs belegt und damals auch schon viel Spaß daran gehabt. Ich konnte mich an vieles, was die Therapeutin erzählte, erinnern; manches war auch neu für mich. Zuerst formte ich Kugeln; nach einer bestimmten Trocknungszeit habe ich sie dann, egal wo ich gerade war, mit einem Löffel poliert. Die Formen, die ich machte, wurden auch für mich immer interessanter. Und die Menschen in meinem Umfeld fragten mich ob ich ihnen das auch beibringen könne. Bald hatte ich mehrere Frauen im Schlepptau, die alle was von mir lernen wollten. Da dachte ich, das wäre eine Aufgabe für mich; ich könnte, wenn ich wieder zu Hause bin, Kurse geben. Auch da hat mir das Universum wieder einen Wink gegeben.

Dieses Gefühl, in der Klinik zu Hause zu sein, hing auch damit zusammen, dass ich mich jetzt überall auskannte. Ich habe die ganze Klinik erforscht. Jede Etage bin ich durchgelaufen. Der erste Stock hatte gelbe Türen; der zweite Stock (in dem ich wohnte) hatte rote Türen und in der dritten Etage waren die Türen grün. Ich weiß nicht mehr, wie viele Treppenaufgänge es gab, aber ich habe sie alle gesehen. Es gab sehr viele Grünpflanzen und in den Fluren und Aufgängen hingen überall Kunstdrucke berühmter Künstler.

Wenn ich allein sein wollte, bin ich in meinem Zimmer geblieben und habe gelesen oder Musik gehört. Wenn ich Unterhaltung wollte, musste ich nur aus meinem Zimmer gehen und schon begegnete mir jemand den ich kannte. Auch das ist für mich ein Punkt, an dem ich festmachen kann, dass ich zu Hause bin. Wenn ich die Abläufe kenne, das Haus, mein Zimmer, die vielen Menschen und die Umgebung, dann fühle ich mich ein Stück geborgen.

Mit meinem Mann zusammen, hatte ich auch zwei Mal ein Paargespräch mit der Ärztin. Ich glaube, auch er hat jetzt verschiedenes mehr oder besser verstanden. Ich hoffe jedenfalls, dass es so ist. Ich denke, dass uns beiden immer mehr bewusst wird, was da in unserem Leben alles abgelaufen ist und dass es manchmal einfach zu viel war.

Ich könnte, wenn ich noch alles wüsste, ein ganzes Buch allein über die Energiegruppe schreiben. In dieser Gruppe war ich die letzten drei Wochen; zwei Mal. Für mich war das eine Gefühlsgruppe, weil da alles drin war was es an Gefühlen gibt. Der Therapeut war für mich authentisch und deshalb auch so glaubhaft. Er hat auch von sich selbst erzählt, auch von seinen Missgeschicken, die auch uns allen immer wieder passieren. Da war kein Gefühl von Scham oder Scheu, nein er hat das so erzählt, dass alles was passiert, normal ist. Diese Therapiegruppe war eine große Erfahrung für mich.

Unserer Gruppe ging es mit zunehmender Dauer immer besser und die Tage des Abschieds kamen. Am 21. Februar 2006 war meine sechswöchige Kur beendet und ich kam wieder in Rodalben an.

* * * * *

Aus heutiger Sicht möchte ich erwähnen, dass unserer Gruppe die Kur sehr gut getan hat und dass sich unter uns eine Freundschaft entwickelt hat. Beweis dafür ist die Tatsache, dass wir am 03.und 04.Mai 2008 bereits unser zweites Kur-Jahrestreffen hatten.

Gerhard hatte seit Sommer letzten Jahres, die früher von meinem Schwiegervater genutzte Wohnung im Obergeschoß unseres Hauses zu einem großzügigen Atelier mit Ausstellungsräumen umgebaut.

Am Montag, den 06. März gab ich meinen ersten Malkurs in meinen neuen Räumlichkeiten. Von nun an fand immer mal wieder ein Kurs statt, es stellte sich aber noch keine Regelmäßigkeit ein.

Das nächste größere Ereignis stand auch schon vor der Tür. Ich hatte am 02. April 2006 im Kulturzentrum Vinningen eine Ausstellung. Das Kulturzentrum ist eine alte Kirche, die für Ausstellungen und Musikveranstaltungen renoviert wurde. Es herrscht hier ein ganz tolles Ambiente, ganz besonders wenn die Ausstellung unter dem Titel „Engel" stattfindet.

Kurze Zeit vor der Ausstellung hatte ich mal wieder einen sehr wichtigen Traum. Es ging um ein Bild, das ich unbedingt noch vor der Ausstellung malen sollte, weil es wichtig sei. Ich habe ja schon erwähnt, dass ich vieles, was mir meine Träume sagen auch mache, egal was daraus wird. Es wurde mir ein großes Bild gezeigt mit einem Kreuz. Am nächsten Morgen habe ich mit Gerhard geschaut ob wir noch Keilrahmen in den passenden Größen haben. Da dies nicht der Fall war, sind wir zum Einkaufen gefahren und haben die fehlenden Rahmen gekauft. Ich war nun fast nicht mehr zu halten, habe drei Tage an dem Bild gearbeitet. Nach der Fertigstellung verblieben noch drei Wochen Zeit zum Trocknen der Farbe. Mit mir zusammen wollte noch eine andere Frau einige Engelskulpturen aus Strohhalmen ausstellen; so was hatte ich noch nicht gesehen. Für die Vernissage brauchte ich noch etwas Besonderes. Ich stellte mir vor, dass die Ausstellung mit Musik einer Harfe untermalt werden sollte. Die Frau mit den Strohhalmen kannte tatsächlich jemand, der wiederum eine Harfenspielerin kannte. Und so kam es, dass ich eine Harfenspielerin zur Vernissage verpflichten konnte. Jetzt wusste ich, dass dies eine runde Sache werden würde. Zusammen mit Gerhard habe ich eine kurze Ansprache ausgearbeitet. Es ging nun mit Riesenschritten auf die Ausstellung zu. Die letzte Woche war etwas hektisch, aber das ist normal. Auch das Aufhängen der Bilder ist immer wieder eine Herausforderung. Von verschiedenen früheren Ausstellungen war mir dies bereits bekannt. Gerhard und ich haben das aber gut gemeistert, wir waren ja schon ein eingespieltes Team.

Der große Tag der Vernissage war nun da. Um 15.00 Uhr, zur Eröffnung erklang in der Kirche feierliche Harfenmusik. Der Kulturbeauftragte führte in die Ausstellung ein und auch ich hielt, mit Lampenfieber, meine erste Ansprache. Immer wieder zwischendurch erklang die Harfe. Erst eine Stunde nach der offiziellen Eröffnung packte die Harfenkünstlerin zusammen. Bei Sekt und Gebäck blieb die „Alte Kirche" bis gegen 18.00 Uhr mit Leben erfüllt. Die gesamte Veranstaltung war sehr gelungen; auch die Rückmeldungen der über einhundert Gäste waren mehr als positiv. Es waren viele eingeladene Gäste da, aber auch viele die über die Presse informiert wurden. Es waren auch alle unsere Engel da. Am nächsten Sonntag war die Ausstellung nochmals geöffnet und auch da waren nochmals über fünfzig Gäste anwesend. Ich war stolz, dass ich so viele Menschen mit den Engeln erreicht habe. Ebenso erstaunt war ich darüber, wie viele an Engel glauben und auch deswegen gekommen waren. Besonders gefreut hat mich, dass auch Menschen von weiter weg den Weg zu dieser Ausstellung gefunden haben. Menschen, die ich während der Kur kennenlernte, Menschen, mit denen sich eine Freundschaft auf einer Messe ergeben hatte. Und nicht zu vergessen die sehr guten Freunde und Bekannte aus der näheren Umgebung.

Es gab auch Menschen, die mich ansprachen, ihre Begeisterung ausdrückten und mich wissen ließen, dass sie auch gerne malen würden, aber nicht wüssten wie. Meine Antwort darauf ist immer die gleiche. „Jeder kann malen, man muss nur damit anfangen". Eine junge Frau wurde von ihrem Mann ermuntert, auch damit anzufangen. Dieses Ehepaar kennen wir zwischenzeitlich sehr gut, sie sind für uns gute Freunde geworden.

Das nächste größere Ereignis für mich war eine Reise in die Vogesen. Ich bin mit zwei Malerinnen, die ich schon seit zehn Jahren kenne, in ein verlängertes Urlaubswochenende gefahren. Im Nachhinein würde ich sagen, es war ein Erlebnisurlaub. Allein schon die Fahrt dorthin war ereignisreich. In Frankreich ist alles etwas anders; zeitweise etwas verschlafen, dafür aber nicht so stressig. Die Landschaft war auch sehr schön, so schön, dass wir nicht wussten, wo wir hin wollten oder sollten, links oder rechts. Auch das Navi hat uns immer wieder mal im Stich gelassen. Auf der Fahrt hatten wir einen schönen Sonnenuntergang. Ab und zu haben meine Mitfahrerinnen auf französisch nach dem Weg gefragt, dann ging es wieder ein Stück weiter. Wir zweifelten immer mehr, ob wir noch an unser Ziel kommen würden. Es war bereits dunkel; der Wald, durch den wir fuhren, war sehr spärlich bewohnt und wir haben daher auch keine Menschenseele mehr angetroffen, um nach dem weiteren Weg zu fragen. Aber wir waren drei Frauen und wenn Frauen was wollen, dann erreichen sie das auch. Wie heißt der Spruch im Navi? „Sie haben das Ziel erreicht, das Ziel befindet sich auf der linken Seite".

Das Haus gehörte der Freundin einer meiner Mitfahrerinnen und sie hatte uns schon sehnsüchtig erwartet. Das Haus war sehr groß und geschichts-trächtig. An einem Tag war ich etwas weiter in den Wald gelaufen und war sehr erstaunt, wie aufge-räumt es dort aussah. Der Wald sah aus, als ob ein Trupp Menschen alles sauber gekehrt hätte. So ei-nen sauberen Wald hatte ich noch nie vorher gese-hen. Alles in allem war es ein Abenteuerurlaub und unvergesslich.

Am 23.Sept. 2006 sind Gerhard und ich in Urlaub gefahren. Wir hatten uns eine Woche Erholung in Garda am schönen Gardasee genehmigt. Das war mal allerhöchste Zeit; einfach nichts tun und die Seele baumeln lassen. Ohne Termine und ohne Plan, machen zu können, was wir wollten. Es herrschte wunderbares warmes Wetter und gesund-heitlich ging es mir soweit gut. Das war sehr viel wert und ich habe es genossen.

Ende Oktober 2006 war mal wieder eine Messe. Ich hatte mich als Aussteller angemeldet. Auf diese sechs Tage habe ich mich sehr gefreut. Es macht mir immer wieder viel Spaß, neue Menschen ken-nenzulernen; einige davon sind heute gute Freunde. Auf dieser Messe habe ich auch schon für meine Atelier-Eröffnung Werbung gemacht.

Das Atelier war jetzt fertig. Die Eröffnung am 18. und 19. November 2006 war der krönende Abschluss des ganzen Jahres. Für mich war es ein voller Erfolg. Viele Freunde, Bekannte und Interessierte sind der Einladung gefolgt. In Gesprächen haben sie mir Mut gemacht, meinen Weg so weiter zu gehen.

Am 01.Dez.2006 konnte ich außerdem in Saarbrücken meine Lieblingsoperette „Das Land des Lächelns" endlich wieder einmal live erleben.

2007, das Jahr fing sehr gut an. Mittlerweile waren sehr viele Menschen in meinen Kursen. Es war richtig familiär, wir haben gemalt und gelacht. Manchmal war es auch mucksmäuschenstill, da wir alle voller Konzentration arbeiteten. Wenn wir dann mal Gespräche führten, gingen diese auch mal sehr tief und es war immer jemand dabei, der eine Idee zur Lösung des jeweiligen Problems hatte. Wir haben auch oft philosophiert über unsere Seelenbilder. Es war das menschliche Miteinander, das ich mir schon lange für alle Menschen gewünscht hatte. Wir sind doch alle immer wieder so mit uns selbst beschäftigt und sehen dabei nicht nach links oder rechts. Damals habe ich mir schon überlegt, eine Gruppe von Menschen zu gründen, in der man das menschliche Miteinander pflegen kann. Ich finde es schlimm wenn Menschen vereinsamen.

Am 09.Januar 2007 fing ich wieder einmal eine ärztliche Behandlungsserie an. Bei einem Arzt bekam ich wegen meiner Atemprobleme Akkupunkturnadeln gesetzt. Der Arzt hat es immer wieder geschafft mir mehr Luft zu verschaffen; leider hielt dies nicht lange an. Ich dachte mir, habe Geduld, das klappt bestimmt schon. Alle vier Wochen hatte ich einen Termin, die Behandlung war somit nicht stressig. Seit 2003 war ich auch zweimal die Woche im Schwimmbad. Auch dies mit wachsender Begeisterung, es hat Spaß gemacht und wie man weiß ist es auch sehr gesundheitsfördernd.

Gerhard und ich trafen uns auch seit langer Zeit einmal in der Woche mit einem guten Freund. Und haben uns dabei immer sehr gut unterhalten und über Gott und die Welt philosophiert.
So gingen die Wochen dahin und ich war sehr zufrieden mit meinem Leben. Nur dieses schwere Atmen störte. Aber ich dachte, es wird schon werden.

Am 01.März 2007 war ich mit Freundinnen essen, es war sehr schön. So wie es sich gehört. Zwei Tage später hatte ich zum Kaffee eingeladen. Meine Kursfrauen waren da, es war ein schöner Nachmittag. Nur mir war etwas komisch und ein bisschen schlecht.

Sonntags am 04. März ging es mir ganz schlecht. Ich hatte Durchfall, musste erbrechen und hatte entsetzliche Bauchschmerzen. Einen Tag später kam ich wieder mal ins Krankenhaus. Mir tat alles weh. Ich wünsche niemand das, was ich durchgemacht habe. Sowohl von meiner Krankheit als auch von dem fehlenden Mitgefühl des Personals. Es war eine Katastrophe was da abging. Ich möchte keine Namen nennen und auch nicht groß ins Detail gehen, ich möchte nur darauf hinweisen, dass man so nicht mit Menschen, denen es sowieso schon schlecht geht, umgehen darf. Egal wie wenig Zeit zur Verfügung steht. Die Ausrede, dass die Station unterbesetzt sei, darf in solchen Fällen nicht akzeptiert werden. Wie schon öfters habe ich auch da versucht mir selbst zu helfen. Weil ich Schmerzen hatte und mir nicht mehr zu helfen wusste, (da die Schwester nicht kam), habe ich über die Telefonzentrale den diensthabenden Arzt rufen lassen. Man hat immer wieder die Möglichkeit bei den verschiedensten Situationen Eigeninitiative zu ergreifen und sollte nicht alles über sich ergehen lassen. Aber auch das habe ich überlebt. Nach einigen Tagen bekam ich die Diagnose, dass ich Salmonellen habe. Ich kann nicht sagen, wo sie herkamen. Ich weiß nur, dass ich so etwas noch nicht hatte und auch nicht mehr bekommen möchte. Als ich dann am 10.März 2007 entlassen wurde, war ich fix und fertig und habe für die nächsten Tage alle Termine abgesagt.

Endlich gab es am 24.03.2007 wieder ein Highlight in meinem Leben. Gerhard und ich waren auf einem Konzert von Rito Pedersen, einem ganz tollen

Harfenisten aus Paraguay. Die mehr als zwei Stunden, in denen die Harfe erklang, waren ein wunderschönes Erlebnis.

Neben den bereits erwähnten Atemproblemen hatte ich noch ein weiteres Problem. Ich hatte Schmerzen in meinem Bein. Diese Schmerzen hatte ich schon seit vielen Jahren bzw. Jahrzehnten. Mal waren die Schmerzen stärker und mal schwächer. Aber ich nahm dies nicht so ernst, denn sie kamen und gingen. Ich hatte mich zeitweise schon fast daran gewöhnt. In der letzten Zeit wurden diese Schmerzen jedoch stärker. Ich wusste nicht was ich machen sollte. In unserer kleinen, dienstags stattfindenden Gesprächsrunde, haben wir über mein Bein gesprochen. Ich wollte dies zwar nicht, aber im Endeffekt war es gut so. Auch mit meinen Kursfrauen, die immer mehr zu Freunden wurden, habe ich darüber gesprochen, weil ich bald ohne Schmerzen nicht mehr laufen konnte. Ich konnte es nicht mehr verbergen. Es handelte sich um das Bein, das bei meinem Unfall im Alter von acht Jahren gebrochen war. Irgendwann hat Gerhard mal gesagt, ich solle das Bein einem Chirurgen im Krankenhaus zeigen und mit ihm darüber reden. Er sagte, Ärzte die solch einen Bruch operieren, müssten auch über eventuelle Beschwerden Bescheid wissen. Ich habe mich anfangs etwas gewehrt, aber die Schmerzen haben mich dann doch zum Arzt getrieben.

Beim Chefarzt der Chirurgie im Krankenhaus Rodalben hatte ich am Freitag 30.03.2007 einen Termin. Er war sehr verständnisvoll, erklärte mir vieles und meinte, mit einer OP könne man hier einiges erreichen. Dr. Schaller meinte ich solle mir das überlegen. Zuhause habe ich mit Gerhard gesprochen; er hat mir auch zur OP geraten. Ich habe dann gleich im Krankenhaus um einen Termin gebeten und habe bereits für Montag, den 02. April 2007 einen OP-Termin erhalten. Dieser frühe Termin kam uns sehr entgegen, da Gerhard in fünf Wochen seine Kur antreten sollte.

Es war nun also wieder einmal ein Krankenhausaufenthalt angesagt. Diesmal aber auf der Chirurgie. Dort konnte ich erleben, dass man ein Krankenhaus nicht insgesamt bewerten darf. Man muss stationsweise unterscheiden. Ich habe innerhalb eines Monats zwei Stationen im gleichen Krankenhaus erlebt und habe festgestellt, dass Welten dazwischen liegen. Von den Ärzten bis zum Pflegepersonal eine andere Welt, ein anderes Krankenhaus. Nach der Operation, als ich wieder aufgewacht war, habe ich sofort gemerkt, dass außer dem Wundschmerz kein weiterer Schmerz mehr da war. Mir sind vor Glück die Tränen gekommen; niemand hat sie gesehen. Zwei Stunden später bin ich bereits aufgestanden, es war ein sehr gutes Gefühl. Ich hatte lediglich ein bisschen Halsschmerzen. Auch bekam ich wieder Probleme beim Atmen. Trotz dieser Beschwerlichkeiten, habe ich meine Runden im Krankenhausflur gedreht. Verstehen sie mich nicht falsch; die ganze Abteilung war hervorragend, aber ich wollte so schnell wie möglich nach Hause.

Der Chefarzt hatte Gewebe aus meinem Bein weggeschickt und als er zu mir kam, um zu berichten, konnte ich es fast nicht glauben. Die ganze Misere ging wieder auf meinen Unfall als achtjähriges Kind zurück. Die Narbe, die ein Jahr nach meinem Unfall infolge des Entfernens des Silbernagels entstand, war nicht so gut verheilt, wie ich geglaubt hatte. Es waren noch Reststückchen von Fäden im Bein geblieben, und diese hatten immer wieder Entzündungen verursacht, die sich in diesen Beinschmerzen bemerkbar gemacht hatten. Es war ein Schock für mich, dass mich der Unfall nach über 40 Jahren wieder eingeholt hatte. Der Arzt hat mir gesagt dass auch eine Vene, die nicht in Ordnung war, entfernt wurde. Auch sagte er etwas von Nervenenden, die nicht wüssten wohin und die aussahen wie Blumenkohl. Sehr positiv empfand ich die Tatsache, dass mein Bein bzw. der Knochen sich wieder vollständig regeneriert hat. Dies wurde bei einer Röntgenuntersuchung festgestellt.

Bereits am 05. April, also nach vier Tagen, durfte ich wieder nach Hause. Ohne Beinschmerzen. Es folgten noch drei Kontrolluntersuchungen am Bein, außerdem mussten wegen der Salmonellenerkrankung regelmäßig Stuhluntersuchungen erfolgen. Über die Woche ging ich zur Massage und zum schwimmen. Ich habe dort auch sehr nette Menschen angetroffen und mich gut dabei unterhalten. Bis auf die restlichen Salmonellen war alles in Ordnung. Wir haben uns informiert wie man die Plagegeister schnellstens wieder los wird, dabei Ärzte befragt sowie im Internet gesucht und dort tatsächlich etwas gefunden, das mir dann recht schnell geholfen hat. Ich habe zweimal täglich einen Teelöffel zerdrückten Knoblauch eingenommen. Nach zwei Wochen waren es weniger Salmonellen und kurz darauf waren sie ganz weg. Wieder war eine Hürde genommen.

Am 09.Mai 2007 hat mein Mann seine Kur in Bad Dürkheim angetreten. Ich habe mich auf eine Auszeit gefreut. Ich gönnte mir am 13. Mai 2007, am Muttertag, ein Konzert mit der Gruppe Matuschka. Diese Gruppe hatte ich bereits 2003 kennengelernt und war von der Vielfalt der Musik zwischen Melancholie, Herzlichkeit, Fröhlichkeit und Witz fasziniert. Ich habe das Konzert sehr genossen.

Meine Kurfreundinnen (aus der Kur 2006) und ich haben uns am 19. und 20. Mai 2007 in Bad Dürkheim getroffen. Die Organisation war recht einfach, die Unterbringung in einer kleinen Pension war bestens. Da in Bad Dürkheim gerade Stadtfest war, konnten wir den Ort in seiner sommerlichen Variante erleben. Gerhard, der ja momentan hier in Kur war, war meistens auch in unsere Runde integriert. Es war ein wunderschönes erholsames Wochenende mit vielen neuen Erkenntnissen.

In diesem Monat ist die Krise in der Ehe meiner älteren Tochter stark eskaliert. Sie war sehr oft bei mir und hat geweint. Auch ihre kleine Tochter Hannah hat sehr gelitten, weil sie die Mama weinen sah. Hin und wieder war ich auf der Baustelle von guten Freunden und habe versucht, ein bisschen zu helfen. Am 20. Juni war Gerhards Kur beendet und er kam wieder nach Hause.

Die Auszeit hat uns beiden gut getan; wir haben uns beide neu gefunden.

Meine Tochter hat jetzt einen Schlussstrich unter ihre Ehe gezogen und hat für sich und Hannah eine eigene Wohnung bezogen. Sie hat eine Arbeit gefunden. Da Hannah erst im August, im Alter von zwei Jahren, in den Kindergarten kommt, habe ich drei Wochen täglich die kleine Maus betreut. War schön, aber auch stressig.

Am Abend des 06.September 2007 bin ich, wie schon so oft, nicht um den Gang ins Krankenhaus herum gekommen. Vermutlich hatte ich mal wieder etwas gegessen, was ich nicht vertragen habe. Mich plagten Bauchschmerzen, mir war schlecht, ich musste mich übergeben und hatte Magenkrämpfe. Ich war sauer. Ganz besonders deswegen, weil wir am nächsten Morgen ein paar Tage nach Dresden und Erfurt fahren wollten. Als dann endgültig alles am Abend wieder aus meinem Körper war, waren auch meine Schmerzen weg und es ging mir wieder besser. Am nächsten Morgen, habe ich Gerhard angerufen und gesagt „Hol mich ab, wir fahren nach Dresden". Er hatte nicht mehr damit gerechnet, aber bei mir muss man mit allem rechnen. Schnell hatte er mich dann abgeholt und da die Koffer immer noch gepackt waren, sind wir gegen 11.00 Uhr Richtung Dresden gefahren. Die ersten zwei Stunden bin ich gefahren. Das hat mir sehr gut getan, ich habe mich dabei sogar entspannt.

Geplant war der Kurzurlaub schon seit ein paar Wochen. Der Mann einer Kurfreundin (aus der Kur in Bad Lippspringe 2001), besitzt in Dresden ein kleines Hotel. Sehr schön und ruhig, am Stadtrand gelegen. Leider war in den Zimmern überall dicker

Teppichboden, was natürlich meiner Allergie und meinen Atemproblemen nicht dienlich war. Das Atmen war so schwer, dass ich die zwei Nächte die wir dort waren, im Sitzen im Badezimmer halbwegs gut verbracht habe.

Von Dresden selbst haben wir einiges gesehen. Auch die schöne neu errichtete Frauenkirche. Meine liebe Freundin hat uns als Fremdenführerin vieles in der Stadt gezeigt. Ich bin sehr froh, dass wir doch noch diese Reise, trotz der Widrigkeiten angetreten haben. Die Zeit war allerdings zu kurz; denn Dresden ist wirklich eine Reise wert. Für die Rückfahrt hatten wir drei Tage in Erfurt, meiner Geburtsstadt, eingeplant. Wir hatten uns bei meiner Tante einquartiert und zwei schöne Tage in Erfurt verbracht. Vieles kannte ich schon von früher, auch von Besuchen in den letzten Jahren seit der Wiedervereinigung. Aber es ist immer wieder interessant zu sehen wie sich eine Stadt im Laufe der Jahre verändert. Ganz besonders im Osten unseres Landes, wo es nach dem Mauerfall vieles zu erneuern gab.
Mein Mann und ich, meine Tante und mein Onkel haben den Kurzurlaub sehr genossen, sind Essen gegangen, haben viel erzählt und viel Spaß gehabt.

Leider war mein Luft- und Allergieproblem immer noch akut und der Teppichboden in der Wohnung meiner Tante war nicht sehr dienlich. Wir sind dann einen Tag früher wieder nach Hause gefahren.

Am 23.09.2007 hat uns unsere Tochter Christine ganz groß zum Essen eingeladen. Sie hatte toll gekocht, mit allem davor und danach. Es war ein Dankeschön für die Hilfe bei ihrem Umzug in die neue Wohnung.

Weil meine Atmung immer schlechter wurde und mich zwischenzeitlich immer mehr Menschen darauf ansprachen, habe ich am 15.Oktober 2007 einen Lungenfacharzt in Kaiserslautern aufgesucht. Es wurden verschiedene Tests gemacht. Es war alles in Ordnung. Er wollte aber in Richtung Allergie weiter machen, hat mir einen Stapel Papier mitgegeben, den ich ausfüllen sollte und gesagt ich solle das Asthmaspray nehmen bis wir wissen was los ist. Da ich dieses Spray bisher nur einmal benutzte und danach noch mehr Probleme hatte, war ich über diese Aussage sauer.

Der Arzt hatte mich nicht ausreden lassen, meine Bedenken als Ausreden hingestellt. Die anstehende Prozedur in Richtung Allergie war ich nicht gewillt, über mich ergehen zu lassen. Ich war felsenfest überzeugt, dass die Allergie nicht die Ursache meiner Atemprobleme war.

Nach ungefähr drei Stunden in dieser Praxis bin ich zu Gerhard ins Auto gestiegen und hatte zuerst keine Worte. Er fragte was los sei und dann habe ich mir Luft gemacht. Der arme Mann wusste gar nicht wie ihm geschah. Er war halt mal wieder zur falschen Zeit am falschen Ort. Den neuen Termin bei diesem Arzt habe ich abgesagt und dann nichts mehr weiter in Richtung Atem unternommen.

Ende Oktober war ich mal wieder beim Friseur. Eigentlich wollte ich mir nur die Haare schneiden lassen. Da man sich aber manchmal auch was gönnen möchte, kamen wir überein die Haare auch zu färben. Es sah auch ganz gut aus, leider hatte ich die Rechnung ohne meine Allergien gemacht. Im Laufe der nächsten Wochen gingen mir sehr viele Haare aus, meine Friseurin war ganz erschrocken; so etwas hatte sie auch noch nicht erlebt. Es war ja nicht ihr Fehler. Ich habe mich jetzt darauf eingestellt, dass man an meinen Haaren auch sieht, dass ich älter werde. Grau oder weis ist ja auch eine schöne Farbe.

Dann kam der Tag der offenen Tür in meinem Atelier. Wir hatten uns für das Wochenende 17.+18. November 2007 entschieden. Es war so wie ich es mir gewünscht hatte. Nicht so viele Leute auf einmal, sondern schön einzeln oder in kleinen Gruppen; so dass immer Zeit war um ein kleines Gespräch zu führen. Viele Leute haben mich in diesen Gesprächen bestärkt so weiterzumachen

Danach ging das Jahr ohne weitere Vorkommnisse zu Ende. Gott sei Dank.
An Silvester habe ich mir vorgenommen, im Januar in einer Atempraxis im Nachbarort einen Atemkurs

zu belegen. Vielleicht konnte mir der Atemtherapeut mehr Luft verschaffen. Am 07.Januar 2008 habe ich dort erfahren, dass ich falsch atme. Er hat mir dabei geholfen, zumindest zeitweise besser Luft zu bekommen. Heute weiß ich, dass die Technik nicht allein das Problem war; aber dazu später mehr.

Am 11.Januar 2008 hatte mein nächstes Projekt Premiere. Mein Gesprächsabend mit ähnlich denkenden Menschen fand um 19.00 Uhr statt. So was hatte ich noch nie gemacht und obwohl ich alle sehr gut kannte, war ich sehr nervös. Aber es waren Gott sei Dank nur die ersten Minuten. Dann lief der Abend in die richtige Richtung und alle Teilnehmer waren von den Gesprächen sehr begeistert. Unseren nächsten Gruppen-Gesprächsabend hatten wir dann auf den 08.Febr.2008 terminiert; auch bestimmte Themen hatten wir vorgesehen.

Meine Zeit war in diesen Tagen bestimmt vom Schwimmen gehen, Kurse geben, kleinen Gesprächsrunden, Massagen, Besuchen bei Freundinnen und ab und zu war ein Geburtstag zu feiern. Natürlich waren Hannah und Christine auch des Öfteren bei uns.

Am 18.02.2008 wurde Gerhard an der rechten Hand operiert, es war eine Karpaltunnelspaltung. Jetzt durfte ich ihn fahren. In den nächsten Wochen gingen wir öfters mit einem Teil unserer Gruppe spazieren. Solange wir langsam liefen und keine Steigungen dabei waren, konnte ich einigermaßen mithalten.

Am 29.Februar 2008 feierte ich wieder mal meinen „zweiten Geburtstag" in Erinnerung an meine Herzkatheder-OP im Jahr 1996. Ich hatte eingeladen und bei Kaffee und Kuchen hatten wir eine beschwingte Unterhaltung. Gerhard hatte, wie schon so oft, Kuchen und Torten gebacken.

Alles war topp bis auf mein Atmen. Es wurde immer schwieriger und ich bin oft gegen 20.00 Uhr ins Bett gefallen, so fertig war ich. Mir war alles zuviel, die Hausarbeit, die Termine, selbst mein geliebtes Schwimmen fiel mir immer schwerer. Meine kleine Enkeltochter, die immer sehr gerne kommt, hat gespürt dass da was anders ist, das was mit mir nicht stimmt.

Am 04.04.2008 habe ich mit Gerhard einen Regenbogenflaschenturm auf der Garage aufgebaut. Er ist 2,30 m hoch und besteht aus 210 Plastikflaschen. Es handelt sich um leere Wasserflaschen. Diesen

Turm hatte ich bereits seit September 2007 geplant und seitdem Stück für Stück, Ebene für Ebene, zusammengebaut. Ich war auch mit auf dem Garagendach. Normalerweise nichts besonderes, aber ich leide unter Höhenangst. Die Leiter hoch gekommen bin ich ja, mit Gerhards Hilfe, noch ganz gut. Nach getaner Arbeit wieder runter zu kommen war aber nicht mehr möglich. Gerhard musste eine weitere Leiter holen; über die ich vom Garagendach in ein Fenster des Ateliers einsteigen konnte. Das muss gut ausgesehen haben. Komisch hoch geht's immer, nur mit dem runter kommen habe ich Probleme. Wenn ich mir vorstelle, ich müsste eine Leiter bis zum Himmel hoch; es wäre wahrscheinlich kein Problem. Ich müsste dann oben bleiben. Aber besser so als umgekehrt, sonst müsste ich in die Hölle und käme nicht mehr nach oben.

Worauf ich mich als nächstes freute war der 50.Geburtstag einer Freundin. Sie hat groß gefeiert; ca. 90 Leute waren da. Leider auch viele Raucher. Die Abluftanlage in dem nur noch gelegentlich vermieteten Lokal war nicht einsatzfähig. Und so blieb mir nach dem ersten Tanz derart die Luft weg, dass wir bereits frühzeitig gehen mussten. Schade!

Bei unserer kleinen Gesprächsrunde am 01.April 2008 haben Gerhard und unser gemeinsamer Freund mich förmlich bekniet, jetzt doch endlich noch mal was wegen meinen Atembeschwerden zu unternehmen. Die beiden haben mich genervt; aber ich habe später nachgedacht und auf den Rat der beiden gehört. Gerhard hat gesagt, ich solle doch mal einen HNO-Arzt aufsuchen, da könnte doch irgendwas mit der Luftröhre sein oder irgendwas auf diese drücken. Ich habe dann gleich mittwochs morgens einen Termin bekommen. In der Praxis angekommen, war ich natürlich wegen der Treppen wieder außer Atem. Es ging nun alles sehr schnell, so schnell dass der Arzt einen bereits im Behandlungszimmer sitzenden Patienten wieder ins Wartezimmer schickte und mich als Notfall zuerst behandelte.

Nach einer kurzen Untersuchung überwies mich der Arzt dringend an das Westpfalz-Klinikum in Kaiserslautern. Er meinte, die Ursache müsse unbedingt gefunden und dann behoben werden. Die HNO-Abteilung in diesem Krankenhaus sei die richtige Adresse für mich. Ich habe mich dem gefügt und dann also für den 08.04.2008 einen Termin bei dem dortigen Chefarzt, einem Professor Dr. med. Stasche, ausgemacht. Wohl war mir nicht dabei. Ich ahnte und spürte, dass da etwas Größeres auf mich zukommt. Nur ich wusste, wie es mir geht.

Die Untersuchung bei dem Professor lief nicht so wie er es geplant hatte. Das Einführen des Untersuchungsinstrumentes in meinen Hals ist für mich blanker Horror. Dadurch konnte er diese einfache Untersuchung nicht durchführen. Er empfahl mir dann zuerst ein SchilddrüsenSzintigramm sowie ein CT vom Oberkörper machen zu lassen. Dies geschah dann am 10. und 11. April 2008 ambulant im Krankenhaus in Pirmasens. Wir waren dann mit allen Papieren und Aufnahmen, die keine Auffälligkeiten zeigten, am 21.04.2008 wieder in der Klinik in Kaiserslautern. An diesem Tag habe ich einen Termin für eine stationäre Aufnahme erhalten. Ich sollte am Freitag vor Pfingsten zur vorstationären Aufnahme erscheinen und dann am Pfingstmontag, den 12. Mai 2008, gegen 18.30 Uhr zur stationären Aufnahme kommen. Es sollte dann einen Tag später eine Untersuchung des Kehlkopfes, der Luftröhre und der Lunge unter Narkose stattfinden.

Bis dahin hatte ich volles Programm und somit keine Zeit zum Überlegen und Grübeln. Unsere wie immer sehr positive Gesprächsrunde am 22.April, wieder einem Dienstag, war auch diesmal wieder sehr interessant. Wir zogen immer sehr viel aus diesen Gesprächen und ich wage zu behaupten, dass wir immer voller positiver Energie waren, wenn wir auseinander gingen.

Ich hatte an diesem Tag die Idee mein Garagentor anzumalen. Am nächsten Tag habe ich mich bereits an die Arbeit gemacht und mein Tor mit einem nassen Tuch sauber gewischt, etwas abgeschliffen und dann ging es mit Farbe und Pinsel los. Ich wusste nur grob, was es werden sollte. Es entstand ein wunderbarer Sonnenuntergang. Es war aber, wegen der Lamellen, nicht so einfach wie ich mir das vorgestellt hatte. Aber es findet sich für alles eine Lösung. Und am nächsten Tag war das Bild fertig. Und wiederum am nächsten Tag wurde es noch mit Klarlack versiegelt. Und fertig war das Tor Nummer Eins. Aber es gab ja noch ein weiteres. Gerhards Garagentor auf der anderen Seite des Hauses wollte nun auch Farbe sehen. Da diese Garage auf der Ostseite steht, kam mir die Idee von einem Sonnenaufgang. Am 28.April 2008 war auch dieses Tor fertig. Das Ganze hat natürlich Spuren bei mir hinterlassen; zu meinen bekannten Luftproblemen kam nun eine Erkältung hinzu.

Ich musste aber fit bleiben, da ich unser zweites Kurtreffen für das Wochenende 03. + 04.Mai 2008 bei mir zu Hause geplant hatte. Wie so üblich, konnten leider nicht alle kommen. Die Kurfreundin aus Augsburg war bereits am Freitag angereist, die Freundin aus Krefeld hatte kurzfristig wegen akuter Erkrankung ihrer Katze absagen müssen. Eine Andere aus Herxheim konnte ebenfalls krankheitsbedingt nicht kommen. Die anderen beiden waren dann am Samstagvormittag bzw. Nachmittag da. Wir gingen in unserem schönen Pfälzerwald spazieren; wir hatten einen ebenen Weg ausgesucht.

Zu einem guten Kaffee auf unserer Terrasse gab es anschließend Gerhards Rhabarberkuchen. Er war wie immer Spitze. Abends hatten wir noch ein gemütliches Abendessen in einem schönen Lokal auf unserem Programm. Zwei Leute sind dann abends bereits nach Hause gefahren. Die anderen zwei blieben über Nacht, so dass wir noch lange Zeit bei einem Glas Wein erzählen und in Erinnerungen schwelgen konnten. Nach einem ausgedehnten Frühstück am nächsten Tag fuhren auch die noch verbliebenen Frauen nach Hause. Gerhard hat mittags bereits wieder einen Rhabarberkuchen gebacken, da am nächsten Tag mein Geburtstag anstand.

Und wie schon des Öfteren, konnten wir auch diesen Geburtstag auf der Terrasse feiern. Es konnten nicht alle persönlich zum gratulieren kommen, aber das ist ja an einem Montag nicht verwunderlich. Dafür haben sehr viele angerufen. So habe ich Zug um Zug meine Wartezeit überbrückt. Auch in der letzten Woche gab es immer was zu tun. Auch meine Tasche für das Krankenhaus musste gepackt werden.

Am Pfingstsamstag haben wir noch mal unseren Freunden am Haus geholfen. Am Pfingstmontag hatten wir nochmals unsere kleine Maus Hannah bei uns und abends um 18.00 Uhr ging es dann nach Kaiserslautern in die Klinik.

* * * * *

Es ist jetzt 19.30 Uhr und ich schreibe diese Zeilen im Westpfalz-Klinikum in Kaiserslautern.

Ich hatte mir ein Einzelzimmer gewünscht und war überrascht, dass es wieder mal geklappt hatte. Einziges Manko war, dass ich das Badezimmer mit meinem Zimmernachbarn teilen musste.

Am Abend bekam ich von der Schwester eine Thrombosespritze. Ich erhielt auch bereits schon die Stützstrümpfe, mein OP-Hemd und die Info dass ich am Dienstagmorgen gegen 10.00 Uhr den Termin für die Untersuchung unter Narkose habe.

Wie schon so oft, habe ich trotz aller Annehmlichkeiten auch hier Probleme mit der Nachtruhe. Laute Autos und Motorräder auf der Straße, Geräusche im Bad durch den Zimmernachbarn. Ich werde dadurch wieder wach und schreibe es auf. Der Straßenlärm hat die ganze Nacht angehalten. Die Schwestern auf dem Gang haben sich unterhalten und haben zudem jede Stunde in mein Zimmer geschaut. Am nächsten Morgen, um 06.15 Uhr, war ich wach, die Vögel haben gezwitschert und es sah nach schönem Wetter aus. Ich habe auch Bilder vom Sonnenaufgang gemacht und mir gedacht „Wenn ich zu Hause bin, mache ich erst mal Urlaub". Nach der Putzfrau kam die Schwester mit Spuckschale und Zellstoff. Um 07.40 Uhr kam die Visite mit dem Professor, einem weiteren Arzt sowie zwei Schwestern. Um 08.00 Uhr wurde ich abgeholt, ich stand noch eine ganze Weile im OP-Bereich herum, um genau 09.15 Uhr bin ich in den Operationssaal gekommen. Kurz nach 09.30 Uhr war ich dann endlich in Narkose. Gegen 10.15 Uhr wurde ich im Aufwachraum wieder wach. Obwohl zugedeckt, fror ich sehr. Gegen 11.00 Uhr war ich wieder in meinem Zimmer.

Kurze Zeit später brachte eine Schwester eine Patientenaufklärung „Intravenöse Kontrastmittel" für die Radiologie. Damit konnte ich vorerst nichts anfangen. Ich habe auch bereits die Essensbestellung bis 19.05.2008 abgegeben; bin mal gespannt was ich davon esse. Übrigens ist es jetzt 14.31 Uhr und heute habe ich noch kein Essen bekommen. Das spart ganz schön Kalorien, ist also auch wieder sehr positiv. Mein Blutdruck wurde nach der Untersuchung bereits zum fünften Mal gemessen. Er ist in Ordnung. 120 zu 70 und 84 Puls. Nur der Hals ist es nicht und ich weiß immer noch nicht was los ist. Gegen 15.00 Uhr habe ich mal gefragt, ob ich einen Kaffee bekommen könne und siehe da, der Dienstagskaffee ist nicht ausgefallen. Super, Kaffeebecher mit fünfmal Kaffeesahne und zweimal Zucker. Endlich habe ich etwas im Bauch.

Kurz nach 16.30 Uhr habe ich vom Professor Dr. Stasche erfahren, dass meine Luftröhre nur noch zu

20 % offen ist und deshalb die vorgesehene Untersuchung gar nicht gemacht werden konnte. Als er mir das sagte, hat es mich so getroffen, dass mir die Tränen flossen. Der Professor und die begleitenden Ärzte und Schwestern versuchten mich zu beruhigen, erklärten mir aber auch, dass ich um eine OP nicht herumkommen werde. Der Professor erklärte mir, dass es mit Lasertechnik fast unmöglich ist und man eventuell von außen operieren müsse. Ich habe jetzt Griesbrei bekommen und warte auf Gerhard, der noch vorbeikommen will. Die ganze Zeit meines Aufenthaltes schaue ich auf die Albert Schweitzer Straße und ich denke, dass dies ein gutes Omen ist. Von ihm habe ich eine Autobiografie gelesen, die mich sehr beeindruckt hat.

Zwischenzeitlich habe ich erfahren, dass am morgigen Tag nochmals ein CT vom Halsbereich gemacht werden soll. Dafür war also die Patienteninformation. Danach hoffe ich, dass schnellstens operiert wird und ich auch diese Sache positiv hinter mich bringen werde. Ich freue mich darauf wieder normal atmen zu können. In dieser Nacht habe ich die Schwester nur einmal gehört, ich habe also doch etwas geschlafen. Aber kurz nach 03.00 Uhr war ich wach und die Nacht war für mich vorbei. Nichts ging mehr. Ich habe einen Krankenwagen wegfahren gehört und mir gedacht, dass es Menschen gibt, die in dieser Nacht auch wieder nicht schlafen können und zudem noch schlechter dran sind als ich. Gegen 03.40 Uhr habe ich mich wieder hingelegt und bin doch tatsächlich bis 06.37 Uhr wieder ins Land der Träume entwichen. Gegen 07.30 Uhr war Visite. Nach dem Frühstück kam eine Schwester und brachte mir meine Akte. Ich sollte damit zur Ärztin. Ich ging die Treppe hinunter in den Wartebereich. Es waren schon einige Patienten vor mir da und alle mussten warten. Nach kurzer Zeit kam eine Schwester und sagte dass die Ärztin noch in den OP musste, und wir sollen wieder auf unser Zimmer gehen.

Mein Darm hatte sich inzwischen gemeldet und ich bin schnell wieder auf mein Zimmer gegangen. Aber die Toilette war von meinem Zimmernachbarn belegt. Ich habe einige Minuten gewartet, musste dann aber doch einen Stock tiefer die Patiententoilette benutzen. Gerade noch rechtzeitig. Ich kam mir vor wie bei dem Lied von Jürgen von der Lippe in dem es heißt „Aaah fertig, wo ist das Papier".

Anstatt zur Ärztin konnte ich später zum Professor gehen, der mir noch einmal erklärte, was es mit dem CT auf sich hat. Es sollte noch eine CT-Aufnahme vom Hals gemacht werden.

Nach dem CT war ich um 12.35 Uhr, etwas später als mein Mittagessen, wieder in meinem Zimmer. Das Essen war gut, es gab Nudeln, Putenrollbraten gefüllt mit Broccoli und Soße. Ich war zuversichtlich, dass es eine einfache Operation werden würde. Dass zerschlug sich aber bei der Visite des Professors.

Mir wurde gegen 16.00 Uhr erklärt, dass ich eine komplizierte Operation vor mir hätte. Was noch erschwerend hinzu kam war die Tatsache, dass diese OP nicht in Kaiserslautern gemacht werden konnte. Er sicherte mir zu, dass er noch nach einem Zentrum suche, wo diese OP öfters gemacht würde und auch ein Spezialist vor Ort sei. Er erklärte mir, dass diese Krankheit bzw. Veränderung der Luftröhre einen Namen hat. Trachealstenose hieß das Ungetüm, das mir die Luft nahm. Vermutlich verursacht durch den Beatmungstubus, der bei der längeren Narkose bei meinem Unfall als achtjähriges Kind in meinem Mund bzw. Hals war. Durch die vielen weiteren Operationen und Narkosen wurde wahrscheinlich jedes Mal die Schleimhaut verletzt. Die Selbstheilungskräfte des Körpers haben dann diese Verwachsungen hervorgerufen. Bei jeder OP ist die Luftröhre dadurch enger geworden.

Und wieder, diesmal ganz massiv, hatte mich mein Unfall von damals eingeholt.

Heute Morgen, am Donnerstag, den 15. Mai 2008, wurde nochmals Blut abgenommen und bei der Visite wurde mir gesagt, dass ich später erfahren würde, wo es ein geeignetes Krankenhaus für mich gäbe. Gegen 10.00 Uhr hatte ich Besuch von einer Psychologin. Wir haben ein sehr gutes Gespräch geführt; es hat mir sehr gut getan. Als sie gegen 11.15 Uhr wieder ging, hatten wir auch über eine erneute psychosomatische Kur gesprochen. Sie hatte dies als sehr wichtig herausgestellt. Sie bat darum, dass ich sie informieren solle, wenn alles vorbei wäre. Nach dem Mittagessen hatte ich auch noch Besuch von dem Krankenhauspfarrer. Auch dieses Gespräch hat mir sehr gut getan. Gegen 16.30 Uhr habe ich von dem Prof. Dr. Stasche erfahren, dass er mit einem Kollegen aus Mönchengladbach gesprochen habe. Dieser Professor, Chefarzt der HNO Abteilung im Krankenhaus Maria Hilf in Mönchengladbach, würde mich gerne operieren. Dort würden solche Operationen öfters gemacht und ich sollte am 26. Mai 2008 dort stationär aufgenommen werden.

Am Freitag den 16. Mai 2008 wurde ich entlassen und war gegen 14.15 Uhr wieder zu Hause.

Der Aufenthalt im Westpfalz-Klinikum Kaiserslautern ist vorbei und ich warte jetzt auf den übernächsten Montag, meinen Anreisetag in Mönchengladbach. Gegen 21.00 Uhr kam unser Sohn aus der Bretagne zurück. Er war dort ein paar Tage zu Besuch und hat auf dem Rückweg die Freundin eines Freundes mitgenommen. Wir haben uns beim Abendessen angeregt unterhalten. Es hat mir nach den doch sehr wortkargen Tagen in der Klinik, sehr gut getan, mich wieder mit Menschen ganz normal zu unterhalten. Am nächsten Morgen ist die junge Dame mit dem Zug nach Hannover zu ihren Eltern gefahren. Unser Sohn blieb bis Sonntagnachmittag; gegen 16.00 Uhr trat er die Rückreise nach Erlangen an. Wir haben uns lange unterhalten, über Gott und die Welt gesprochen. Wir haben, glaube ich, gemerkt dass wir uns beide sehr ähnlich sind. Auch das war wieder einer dieser Zufälle, die uns im Leben etwas weiter bringen.

Die Umsetzung des Traumes; dass ich ein Buch schreiben soll, füllt mich zurzeit sehr aus. Es ist für mich wie ein Rettungsseil zum Überbrücken der Wartezeit. Die Gefühle, die ich jetzt habe, sind so überwältigend, dass ich es nicht beschreiben kann. Malen könnte ich es schon eher. Ich habe das Gefühl, jetzt mit 53 Jahren und dem Wissen über die Ursache meiner schweren Atmung, in der Zeit zurück katapultiert zu werden und alles was nach dem Unfall passiert ist, kann ich jetzt neu definieren. Vieles ergibt jetzt einen neuen Sinn, der große Knoten löst sich langsam auf. Jetzt weiß ich auch, warum vieles in meinem Leben so schwer war.

Diese zehn Tage zwischen den beiden Krankenhausaufenthalten habe ich genutzt, um mich auszuruhen und mich auf die nächste Operation vorzubereiten. Die Zeit ging so dahin mit Schreiben, Telefonaten und Gesprächen mit Freunden. Auch ein Telefongespräch mit meiner Ärztin aus der Kur 2006 war für mich sehr aufbauend. Es war der 20.Mai, als sie mir sagte „Sehen sie, sie haben den Unfall mit acht Jahren überlebt, das war das Wichtigste; weil nur so konnten sie eine Trachealstenose bekommen". Ich denke, sie hatte recht. Ich konnte erwachsen werden und mich und meine Seele weiter entwickeln. Es ergibt alles einen Sinn und durch alles, was ich erlebt und gelebt habe, bin ich diese Person geworden. Ich habe viele Fehler gemacht, aber dadurch auch viel gelernt. Auch ich war hin und wieder sauer und habe Gott gefragt, „warum schon wieder ich". Aber ich habe mich dann gefügt und es war leichter zu ertragen.

* * * * *

Heute ist der 23. Mai 2008 und ich bin immer noch in der Warteschleife und schreibe.

Jetzt habe ich das Wochenende vor mir, wasche noch ein bisschen, packe meine Tasche für die Klinik fertig und dann geht es am Montag in das 320 km entfernte Mönchengladbach. Ich bin froh, wenn ich dort bin. Hier habe ich das Gefühl, die Menschen um mich herum sind befangen und wissen nicht mehr so richtig ob und wie sie mit mir reden sollen oder können und wenn ja, über was. So geht es mir seit bekannt ist, was mir bevorsteht. Da sie wissen, was los ist, ist es für alle nicht so einfach, es ist ungefähr so als wenn jemand gestorben wäre und einem die Worte fehlen. Gott sei Dank bin ich ja mittlerweile in der Lage, mir alles von der Seele zu schreiben.

Ich kann nur jedem raten, sich ein Hobby zu suchen, das ihn so erfüllt, dass ihm auch eine Krise nichts anhaben kann. Es ist egal, mit was wir uns beschäftigen. Ob wir Malen, mit Ton oder anderen Materialen arbeiten, schreiben oder verschiedene Kurse belegen. In jedem schlummern Talente, die man fördern kann. Es ist eine wunderbare Möglichkeit, um sich zu beschäftigen und vor allem die Seele zu ernähren. Wenn die Seele gut ernährt wird, kann sie keine Krise mehr umhauen. Ich weiß, wovon ich schreibe; von einem sehr bewegten Leben in allen Richtungen. Momentan bin ich ja wieder in so einer Krise und Warteschleife.

Ich habe aber keine Zeit über mich zu grübeln, weil ich mir überlege, wie und was ich noch schreiben kann, bzw. wie ich anderen Menschen helfen könnte, ihre eigenen Krisen zu bewältigen. Es wird für mich auch immer klarer, warum ich dieses Buch schreibe. Nicht nur wegen dieses Traumes oder nicht nur für mich. Nein, es ist für uns alle, für mich, meine Familie, meine Freunde, Ärzte und Schwestern. In diesem Buch möchte ich klar machen, wieso und warum sich ein Mensch manchmal so oder so verhält und die anderen denken lässt, was hat der bloß. Was ist mit dem los, das kann doch nicht sein, dass man sich so verhält.

Ich sage, es ist die Summe von allem was der Mensch erlebt hat. In meinem Fall gab es den Unfall als ich acht Jahre alt war, von dem nur einige Leute aus dem Ort wissen, in dem es damals passierte. Heute habe ich diese Atemprobleme in dem Ort an dem ich jetzt lebe. Das bekommen also nur die Menschen mit, die in meinem jetzigen Umfeld leben. Die vielen Ereignisse dazwischen haben teilweise wieder andere Menschen mit mir durchlebt. Jetzt frage ich mich, wer könnte dieses Puzzle am besten, Stück für Stück, zusammen setzen?

Nur die Person, die es selbst erlebt hat, ist dazu in der Lage. Mir passiert es immer wieder, dass Ärzte meinen, sie wüssten alles über mich, weil ein Körper nun mal ein Körper ist. Aber ich sage nein, mein Körper ist anders und vor allem, er reagiert auch anders. Ich bin felsenfest davon überzeugt, dass wir unsere Ärzte und die moderne Medizin brauchen. Sonst würde ich nicht mehr leben. Aber genauso bin ich überzeugt, dass, wenn ich alles gemacht hätte, was die Ärzte von mir verlangt haben, wenn ich alle Medikamente genommen hätte, wenn ich nicht selbst mitgedacht und nachgefragt hätte und mich bei vielem gewehrt hätte, dann wäre ich auch nicht mehr auf dieser Welt.

Mein Fazit ist, der Mensch muss mitdenken und darf sich nicht von Ärzten einschüchtern lassen, weil manche meinen sie stünden über allem. Ich glaube auch, dass so mancher Arzt im Laufe der Zeit so geworden ist, weil er gemerkt hat, dass wenn er alles Menschliche an sich heran lässt, befangen wird und nicht mehr richtig helfen kann. Wenn wir das alle so sehen, dass ein jeder seine Arbeit gut machen will, dann finde ich das positiv. Nochmals zur Erinnerung sei gesagt, dass wir nicht immer nur Ja und Amen sagen sollen, sondern auch auf unser „Bauchgefühl" hören sollen. Es gibt ein Sprichwort, das mich seit Jahren begleitet und mit dem ich gut gefahren bin; es heißt „Hilf dir selbst, dann hilft dir Gott". Tu was für dich und alles andere kommt so wie es kommen soll. Natürlich kommt es dabei auch darauf an, ob man gläubig ist. Von mir kann ich sagen, dass ich schon immer an Gott geglaubt habe, ebenso an die Engel, die mich schon seit ich denken kann begleitet haben. Für mich ist das ganz normal. Auch diese Tatsache hat mir in meinem Leben immer wieder geholfen; ich fühlte mich stets beschützt und geborgen.

Irgendwann müssen wir alle mal „Urlaub" von dieser Erde machen und gehen. Und dann können wir die Familie auf der anderen Seite wieder sehen, alle lieben Verwandte, Freunde und Menschen die uns hier auf der Erde so lieb und teuer waren. Wenn wir unser Leben so sehen, dass wir immer leben, mal hier, mal dort, mal auf dieser Erde, mal auf einer höheren Ebene, dann bedeutet das für mich Glück in der höchsten Potenz. Das ist es, was ich weiter zu geben versuche, dieses glücklich sein im Jetzt und mit allen Sinnen. Wir sollten, wenn wir essen gehen, dankbar sein, dass wir gekochtes Essen serviert bekommen, dass wir uns das auch noch aussuchen können; nicht nur kauen und schlucken. Dass wir es dankbar genießen, das Essen riechen, das Ambiente sehen, und alles verinnerlichen. So lebe ich seit einiger Zeit und weil ich auch immer diese psychischen Abstürze hatte, hat sich jetzt bei mir eine Lebensstruktur entwickelt, die ich als „Glück pur" bezeichnen möchte.

Ich bin überzeugt, dass wir alle gesegnet sind, wir müssen es nur sehen oder besser spüren, fühlen und verinnerlichen. Ebenso bin ich überzeugt, dass die Krankenkassen weniger Geld in Medikamente stecken sollten, sondern mehr Glücks-Kurse, Kreativkurse und ähnliches fördern sollten. Wir Menschen hätten viel mehr davon und die Nebenwirkungen von Glück wären Zufriedenheit, menschliches Miteinander und positive Gedanken.

Für viele Menschen sind meine Zukunftsgedanken vielleicht Fiktion, aber doch machbar. So bin ich auch überzeugt, dass Ärzte, Heilpraktiker und Psychologen Hand in Hand arbeiten sollten und dieses Puzzle Mensch mit allem drum und dran behandeln sollten. Also Körper, Geist und Seele.

* * * * *

Heute ist der 25. Mai 2008, es ist 07.05 Uhr und ich sitze auf meinem Bett und kann nicht mehr schlafen.

Gedanklich bin ich beim Schreiben. Ich hatte auch schon wieder Gedanken an den kommenden Klinikaufenthalt. Ich werde heute noch die letzten Sachen einpacken.

Auch freue ich mich bereits jetzt schon auf unser Mittagessen. Wir gehen in ein schönes Restaurant und werden leckeren Spargel essen. Dazu gegrillten Lachs und in Butter angebackene Frühkartoffeln. Mir läuft jetzt schon das Wasser im Mund zusammen.

Am 26.05.2008 gegen 07.15 Uhr sind wir in Rodalben weggefahren und gegen 10.50 Uhr an der Klinik in Mönchengladbach angekommen. Die Fahrt war angenehm, es war leicht bewölkt. Gegen Mittag kam immer mehr die Sonne hervor. Dank Navi haben wir die Klinik sofort gefunden. Sie befindet sich mitten in der Stadt. Nachdem wir uns im Sekretariat des Professors und anschließend in der Patientenaufnahme angemeldet hatten, ging es auf die Station. Ich war erstaunt, wie gut auch hier meine Bestellung geklappt hat. Einzelzimmer mit Bad, WC und Dusche. Und sehr freundliche Menschen, die sich sofort um alles gekümmert haben.

In meinem Zimmer, mit der Nummer 205, befinden sich auch ein fest installiertes Fernsehgerät, ein Telefon und natürlich ein Bett. Und Gerhard ist auch da. Ein Pfleger hat bereits mit mir den Speiseplan besprochen und ist anschließend noch rund zehn Minuten beim Fußball hängen geblieben. Von wegen Klassenerhalt des 1. FC Kaiserslautern und natürlich der Aufstieg von Borussia Mönchengladbach in die 1.Bundesliga. Er erzählte auch voller Begeisterung, dass am 12. Juni 2008 ein Fußballturnier der einzelnen Abteilungen der Klinik stattfindet.

Irgendwann habe ich aus dem Fenster geschaut; erst glaubte ich nicht was ich sah. Aber es war tatsächlich im Hof eine Engelstatue zu sehen; schätzungsweise 1,50 m – 1,60 m groß. Der Engel hat ein Kind an der Seite, er beschützt es. Daneben steht ein großer Silo, mit der Aufschrift „Sauerstoff". Wieder habe ich Zeichen von oben bekommen. Es fühlt sich immer an, als würde der ganze Himmel rufen „Hallo, wir sind da".

Mein Essen war zwischenzeitlich auch schon da; ich konnte jedoch nichts essen, da ich zum Oberarzt bestellt wurde. Hier erlebte ich ein erstes Highlight; der Arzt hat mir einen Schlauch durch die Nase in den Hals geschoben. Das war für mich sehr unangenehm. Damit hatte ich nicht gerechnet. Zurück auf dem Zimmer bekamen ich und Gerhard einen Kaffee. Wir warteten noch auf einen Termin beim Narkosearzt. Die Terminplanung zwischen der HNO Abteilung und den Narkoseärzten war nicht ganz perfekt, aber gegen 17.00 Uhr waren wir auf der Intensivstation beim Narkosearzt, der alles Mögliche von mir wissen wollte. Zurück auf meinem Zimmer stellten wir fest, dass das Abendessen für uns schon bereit stand.

Gerhard hatte in der Nähe des Hauptbahnhofes, in einem kleinen Hotel, ein Zimmer gemietet und hat sich gegen 19.00 Uhr von mir verabschiedet. Eine gute halbe Stunde später kam der Chefarzt der HNO zu mir und hat mir erklärt, wie die OP ablaufen wird. Ich war sehr nervös, hatte aber vollstes Vertrauen zu dem Professor, da er mir die OP sehr gut erklärte.

Dann sagte er mir, dass es aber ein Problem gebe. Gestern seien zwei Schwerverletzte operiert worden und diese würden jetzt die beiden Intensivbetten der HNO belegen. Er wolle jedoch noch versuchen ein drittes Bett zu organisieren, machte mir aber keine große Hoffnung. Er erklärte mir, dass ich nach meiner OP für 24 Stunden in ein künstliches Koma versetzt würde und daher auf der Intensivstation bleiben müsse. Da er Ende der Woche in Urlaub ginge, sich aber selbst um mich kümmern wolle, könne er auch den Termin nicht weiter nach hinten schieben.

Es war für mich wie ein Schock. Mir fehlte die Kraft dies zu verarbeiten und ich ließ meinen Tränen freien Lauf. Lieber Gott hilf mir, ich kann nicht mehr. Hilf dem Professor, damit er mir helfen kann, denn ich glaube ganz fest an ihn und an seine Kunst. Auch habe ich seine Menschlichkeit gespürt; es hat ihm sehr leid getan.

Ich glaube, dass die OP für mich nicht das schlimmste ist, sondern die vielen Narben auf meiner Seele, die momentan alle wieder aufbrechen. Es gibt viele Menschen die alles hinter sich lassen und weg gehen. Ich aber kann hingehen, wo ich will, mein gesundheitliches Problem würde ich ja mitnehmen; was hätte ich also davon. Aber rennen möchte ich, ganz weit weg. Vom Gefühl her habe ich auf nichts mehr Lust. Aber wie würde ein mancher sagen, „du musst Geduld haben". Es sind jetzt schon knapp zwei Monate vergangen und ich warte und warte, hoffe immer auf das Beste. Vielleicht muss es so sein; keine Ahnung, mir fehlen die Worte. Ich schicke ein Gebet gen Himmel und möchte dass es mir hilft. „Bitte lieber Gott, hilf dem Professor ein Intensivbett zu finden. Ich möchte hier bleiben und operiert werden, weil meine Nerven das nicht mehr aushalten. Amen".

Ich habe dann noch mit Gerhard telefoniert und ihm mitgeteilt, was mir der Professor gesagt hatte. Auch er war von der Situation geschockt; auch ihm fehlten die Worte. Um 23.30 Uhr bin ich dann eingeschlafen und um 05.32 Uhr am nächsten Morgen wach geworden. Die Gedanken holten mich gleich wieder ein. Ich habe trotz allem gut geschlafen. Gegen 07.00 Uhr kam die Schwester, hat das Bett gemacht und mir die OP-Kleidung gebracht. Auch wurde mir von einem Arzt nochmals Blut abgenommen.

Gegen 08.00 Uhr erschien der Professor und es war so, wie ich es nicht erhofft hatte. Ein drittes Intensivbett war nicht aufzutreiben, er bedauerte dies nochmals und wir mussten am gleichen Tag, also am Dienstag den 27. Mai unverrichteter Dinge wieder in Richtung Heimat fahren. Er gab mir aber gleich einen neuen Termin; wir sollten am 09.Juni bis gegen 12.00 Uhr wieder hier sein. Die OP hatte er dann für den 10.Juni 2008 vorgesehen.

Ich tröstete mich mit der Tatsache, dass ich jetzt wusste, was für eine OP mich erwartete; es war schon eine kleine Beruhigung. Auch sehr positiv für mich war die Tatsache, dass ich nun bereits meinen Operateur persönlich kannte und ein Gefühl des Vertrauens für ihn hatte.

So sind wir also die 320 km wieder nach Hause gefahren.

Dort begann wieder die Wartezeit; der Versuch an alles zu denken, nur nicht an das was mir bevorstand. Ich vertrieb mir die Zeit also mit Lesen und Schreiben, mit dem Formen von Tonherzen und auch mit Gesprächen mit Freunden über Gott und die Welt. Auch diverse Hausarbeiten standen an; ich habe aber nur das erledigt, was ich ohne größere Kraftanstrengung erledigen konnte.

Heute ist Sonntag der 01. Juni, noch eine Woche bis Mönchengladbach. Ich habe mir einen Kaffee gemacht und bin schon wieder in Gedanken, wie ich das wohl alles schaffen werde. Für mich ist die Ablenkung im Moment sehr viel Arbeit und erfordert sehr viel Disziplin. Noch nie in meinem ganzen Leben habe ich in so kurzer Zeit so viel geschrieben. Aber es hilft mir immer wieder, mich aus dem Dunkeln heraus zu holen. Mir ist es inzwischen auch so was von egal, wer diese Zeilen einmal ließt, dass ich auch hier und heute schreibe „Es geht mir zeitweise richtig Scheiße". Ich kann von mir sagen, dass ich viel und auch gerne lache, aber im Moment brauche ich dazu sehr viel Ablenkung, damit das klappt.

Wenn ich jetzt einen ganz normalen Alltag leben könnte, dann wäre es auch noch ein bisschen besser und die Zeit würde schneller vergehen; aber die

Atemnot macht mir einen Strich durch die Rechnung. Nur noch das Nötigste gehört zu meinen Hausarbeiten. Am Montag den 02.Juni habe ich mich sehr lange mit Gerhard beim Frühstück unterhalten. Nachdem er und meine jüngste Tochter das Haus verlassen hatten, war ich mit unserem Hund allein. Schreiben will ich, aber es klappt auch nicht mehr so richtig. Meine Gefühle spielen Achterbahn und diese Warterei macht mich mürbe.

Gerhard hat mich angerufen und mir gesagt, er habe wegen einer Rechnung mit meinem HNO Arzt in Pirmasens gesprochen. Dabei habe der Arzt mir alles Gute gewünscht und gesagt, dass er mir alle Daumen drückt. Ich habe mich darüber sehr gefreut und es hat mich ein wenig aufgebaut.

Es ist schade, dass es so viele Menschen gibt, die mit Krankheiten nicht umgehen können. Ich meine damit, dass ihnen einfach die Worte fehlen. Und gerade wenn ein Mensch eine schwere Zeit durchmacht, sind Gespräche sehr wichtig. Das ist jetzt natürlich meine Meinung. Es gibt sicherlich auch Menschen, die in diesen Zeiten gar nicht reden und nichts hören wollen. Da sind wir aber wieder an dem Punkt, dass die Menschen unterschiedlich sind.

Am Abend des 02. Juni sind gegen 19.00 Uhr dunkle Wolken aufgezogen. In der nächsten Stunde hatten wir ein Unwetter, wie ich es noch nicht erlebt habe. Hagelkörner wie große Mirabellen gingen nieder. In einem Nachbarort war das Zentrum dieses Unwetters; es muss dort wie ein Weltuntergang gewesen sein. Wir hatten Gott sei Dank keine größeren Schäden im Garten. Aber von anderen haben wir gehört, dass die Keller voll Wasser waren und die Gärten aussahen, als wäre jemand mit der Sense durchgegangen. Unsere Region ist bisher von solchen Unwettern verschont geblieben.

Am nächsten Tag haben mich Zahnschmerzen, die ich in den letzten Tagen bereits oft verdrängt hatte, zum Zahnarzt getrieben. Er hat mir den Zahn aufgebohrt und gemeint, es wäre eine Wurzelentzündung. Er hat den Zahn mit einem Medikament gefüllt und mich für zwei Tage später wieder einbestellt. Am nächsten Tag konnte ich wieder die Stille im Haus genießen. Diese Stille, die man hören kann, wenn man zuhört. Ich liebe diese Stille und brauche sie immer öfter. Sie ist so etwas wie ein Energiespender für mich, ich kann mich ihr ganz hingeben. Das allein sein wird mir momentan immer mehr zum Freund, der meine Gedanken entwirrt, zerbröselt und dann wieder positiv zusammensetzt.

Wenn mir jemand vor zwei Monaten gesagt hätte, was auf mich zukommt; ich hätte dann wahrscheinlich gesagt, „Das überlebe ich nicht". Also nicht die OP, sondern diese Wartezeit. Wenn ich mir vorstelle, dass es vielen Menschen so geht und sogar noch schlimmer und sie nicht gelernt haben, damit umzugehen, dann tun mir diese Menschen leid. Auch wenn sie meinen, keine Kreativität zu haben und somit auch nicht die Möglichkeit haben ihre Seele zu füttern, um daraus positive Energie zu schöpfen. Ich zum Beispiel habe mir heute drei Kerzen angezündet; da es draußen ein bisschen trübe ist. Man kann sie dann besser strahlen sehen und es erwärmt auch noch das Herz.
Meine Gedanken, die zeitweise auf Achterbahnfahrt sind, kommen langsam zur Ruhe und plätschern wie eine laue Meeresbrise über meine Seele. Mein Glaube an Gott und zwischenzeitlich auch an mich selbst, gibt mir diese tiefe Kraft und Überzeugung, dass ein jeder Mensch alles erreichen kann was er will. Wir müssen uns nur die Zeit dazu geben und zur Ruhe kommen. Uns nicht mit so viel Müll belasten. Vieles, was wir in unseren Körper hineinstopfen, egal ob in den physischen oder psy-

chischen, ist oft nur Müll. Die Menschen sollten sich immer wieder mal mit ihren Gedanken auseinandersetzen und dann auch mit Anderen darüber reden. Eigene Gedanken weitergeben und vielleicht einem anderen Menschen die Möglichkeit geben, etwas daraus zu lernen oder umdenken zu können. Wenn ich mich in meiner Wohnung umschaue, könnte ich sofort anfangen zu putzen, aber da ich es nicht kann, weil mir die Luft dazu fehlt, schreibe ich und mache andere Dinge. Und genau darum geht's, einfach etwas Sinnvolles zu machen, was Freude macht. Lachen und Reden, auch mal miteinander weinen, tut der Seele gut.

Alles was Mensch mit Menschen menschlich tut ist positiv. Die Vernunft und der Ernst waren immer nur bedingt meine Ratgeber. Wie oft habe ich was gemacht aus Lust und Laune heraus, weil es mir gut tat. Einfach wohin gehen, jemand besuchen und zu überraschen, jemand zum Kaffee einladen oder einfach nur einen Flaschenturm auf die Garage zu stellen. Es gibt so viele Dinge, die wir tun können, die uns den Alltag erhellen und gute Laune machen. Da macht sich das bisschen Haushalt fast von alleine; ich kann da gut mitreden.

Gott sei Dank habe ich mein inneres Kind nie verloren und ich meine sagen zu können, dass ich eine

Frohnatur bin. Auch wenn ich immer mal wieder selbst psychische Abstürze hatte, aber das ist der Mensch. Da fällt mir wieder das Wort „Puzzle" ein, das ich in Verbindung mit mir schon erwähnt habe. Jeder einzelne Mensch ist ein so großes Puzzle, dass er es selbst nicht fassen kann. Das ist ein Grund, warum es für so viele Körperteile die entsprechenden Spezialisten gibt und sich jeder mit einem Puzzleteil auseinander setzt. Und es ist immer wieder interessant, auch für erfahrene Menschen, Ärzte und ähnliche Heilberufe.

Wir Menschen sind im Grund alle gleich; normalerweise ist das Herz links und wir haben zwei Nieren. Aber es gibt auch Menschen, die das Herz auf der rechten Seite haben oder drei bis vier Nieren besitzen. Genauso verhält es sich mit der Psyche. Wir bringen ein großes Potenzial mit auf die Welt und werden dann zusätzlich von der Umwelt geprägt. Erst von den Eltern und der Familie, dann von unserem übrigen Umfeld. Baustein für Baustein kommt hinzu. Die einen haben sehr großes Glück und können ihr Leben so leben, wie sie es planen; die anderen werden geplant oder lassen sich planen. Da sehe ich die Disziplin, die der Mensch aufbringen muss, um für sich das zu erreichen, was er will. Mit Faulheit oder Sturheit kommen wir alle nicht weiter.

Heute Mittag waren zwei Freundinnen bei mir; wir haben ein paar Stunden gequatscht und gelacht. Das viele Reden hat mir jedoch nicht gut getan. Mir ging immer mal wieder die Luft aus.

Am 05. Juni war ich nochmals beim Zahnarzt. Eine erneute Begutachtung und erneutes tieferes Bohren zeigte, dass der mich schon länger quälende Zahn vereitert war. Dies so kurz vor der wichtigen OP. Der Nerv des Zahnes war früher bereits gezogen und der Zahnarzt tat sein Bestes und die nächsten Tage waren zahntechnisch in Ordnung. Samstags hat mich eine Nachbarin überrascht. Sie hat mir ein kleines Geschenk gegeben und mir alles Gute ge-wünscht. Sie sagte, dass alles gut wird und dass sie an mich denkt. Ich habe jetzt von vielen Menschen gehört, dass sie an mich denken und mir alles Gute wünschen. Alles wird gut, alles ist gut.

Am Sonntag, dem 08. Juni, am Geburtstag meiner Mutter, war der letzte Tag zu Hause. Ich betrachtete diesen Tag als gutes Omen für das was jetzt kommt.

Morgen früh fahren wir in die Klinik Maria Hilf nach Mönchengladbach.

Heute ist der 09. Juni, es ist jetzt 07.30 Uhr; wir fahren nach Mönchengladbach in die Klinik. Wir haben eine ruhige Fahrt. Gegen 11.20 Uhr stehen wir auf dem Parkplatz vor der Klinik. Da wir uns hier bereits auskennen, geht alles relativ schnell. Anmeldung, Aufnahme, auf Station gehen. Ich habe diesmal Zimmer Nr. 233. Laut Aussage der netten Schwester, das schönste Zimmer auf der Station. Es ist sehr ruhig dort. Wenn ich aus dem Fenster schaue, sehe ich einen großen Baum der mit seinen Ästen und Zweigen das Zimmer vor Sonne schützt. Der Baum ist auf dieser Höhe noch lange nicht fertig; er geht mindestens noch zwei oder drei Stockwerke weiter nach oben.

Der Krankenpfleger, der uns im Zimmer antrifft, sagte ganz freundlich „Aha, sie schon wieder". Nach dem Mittagessen warteten wir auf die Dinge die noch kommen sollten. Als erstes erschien diesmal der Chef der Anästhesie Abteilung; ein Prof. Dr. med. Michael Behne. Er fragte, ob sich in der letzten Zeit irgendwelche Änderungen am Gesundheitszustand ergeben hätten. Ich sagte ihm, dass soweit alles in Ordnung sei; lediglich sei ein Zahn vereitert gewesen. Er meinte, ich solle das meinem HNO Professor sagen. Er sagte auch, dass er morgen bei der OP selbst dabei ist und alles sicher ohne Probleme über die Bühne geht.

Ich erwartete heute bereits Besuch. Eine Kurfreundin aus Krefeld, rund 25 km von hier entfernt, hatte sich bereits in den letzten Tagen telefonisch zum Besuch angemeldet. Hoffentlich kommt sie bald. Aber es kamen zuerst eine Ärztin zwecks Blutabnahme und ein Taxifahrer. Er sollte mich ins benachbarte Bethesda Krankenhaus bringen, in die dortige Zahnklinik. Ich wurde also dorthin gefahren und wurde dort von dem Chefarzt, wieder einem Professor, untersucht. Die Zähne wurden geröntgt und für in Ordnung befunden. Die Vereiterung war nicht mehr feststellbar.

In der Zwischenzeit war meine Kurfreundin eingetroffen und wurde von Gerhard informiert. Gott sei Dank kennen sich die beiden. Sie haben sich in dieser Zeit gut unterhalten und waren zwischenzeitlich in die Cafeteria gegangen. Als ich nach gut 90 Minuten wieder in der Klinik war, ging ich noch zum EKG und dann anschließend sofort in die Cafeteria. Die Freude Hedi zu treffen war sehr groß; war sie doch diejenige die bei unserem Treffen Anfang Mai kurzfristig absagen musste.

Wir haben uns gut unterhalten und wie immer, wenn ich erzähle, ist mir die Luft weggeblieben. Ich habe das Gefühl, dass es immer schlimmer wird. Aber das wird bald ein Ende haben. Kurz nach 18.00 Uhr gingen wir wieder auf mein Zimmer und Hedi verabschiedete sich alsbald mit den besten Wünschen zur bevorstehenden OP. Die Schwester sagte mir, dass der Professor heute nicht mehr käme; er würde erst morgen früh vorbeikommen. Gerhard ist dann gegen 19.00 Uhr gegangen. Er hatte sich wieder im gleichen Hotel einquartiert. Aber es kam wieder anders als gedacht.

Kurz vor 20.00 Uhr erschien doch noch Professor Dr. med. Michael Vollrath und erklärte mir nochmals kurz den Vorgang der OP. Er fragte mich auch, wie es mit meinem Atem in der Zwischenzeit war. Ob es Probleme gab oder ob es gar Erstickungsanfälle gegeben hat. Er hätte sich in seinem Urlaub Gedanken gemacht, wie es mir geht. Er hätte auch mit dem Professor in Kaiserslautern über einen eventuellen Notfall gesprochen und ihn informiert wie er einen eventuellen OP-konformen Luftröhrenschnitt machen sollte.

Es hat mich sehr gefreut, dass er an dies alles gedacht hat; überhaupt ist es die menschliche Art des Professors, die mich sehr zuversichtlich macht. Er sagte mir aber auch einiges, das mir nicht sonderlich gefiel. Zum Beispiel, dass er unter örtlicher Betäubung zuerst einen Luftröhrenschnitt machen würde, durch den ich dann beatmet werden würde. Sofort anschließend würde die Narkose einsetzen und die OP beginnen. Ich hatte natürlich sofort ein ganz komisches Gefühl. Ein Luftröhrenschnitt, damit hatte ich nicht gerechnet.

Nachdem der Professor weg war und ich mich wieder etwas beruhigt hatte, habe ich mich auf die Nacht vorbereitet. Ich bin an diesem Abend leicht nervös, aber nicht ängstlich; es ist ein Gefühl, das ich nicht beschreiben kann. Ich müsste fast sagen, dass ich mich auf die Operation freue. Ob dies ein normaler Zustand ist, weiß ich nicht. Ich glaube, die Wartezeit die nun zu Ende geht, hat mir sehr geholfen mich auf die Operation vorzubereiten. Meine Seele spricht zu mir, es kann dir nichts passieren. Alles kommt so, wie Gott es für mich vorgesehen hat. Der Plan steht, alles geht seinen Weg.

Alles wird gut; alles ist gut. Ich habe keine Angst, aber irgendwie macht mir meine Ruhe Angst. Ich bekam eine Tablette, damit ich besser schlafen kann und bin dann ins Bett gegangen. Und wieder ertappe ich mich bei Überlegungen zur OP. Der Professor kam mir ziemlich gut erholt vor, das schien mir ein gutes Zeichen zu sein.
Mir ist schon den ganzen Tag, als hätte ich Valium eingenommen. Ich versuche eine Art Analyse von mir zu machen. Irgendetwas habe ich ausgeschaltet,

aber was? Ist es der Geist oder die Seele, der Verstand oder der Körper oder die Gefühle? Vielleicht fühlt sich so ein Schmetterling bevor er sich verpuppt. Man kann es nicht mehr ändern, also nimmt man es so hin wie es kommt. Etwas Lustiges kommt mir kurz vorm einschlafen noch in den Sinn. Ich sammle ja bereits vieles; jetzt aber auch noch Professoren. Heute bereits wieder drei Stück, einen Narkose-Professor, einen Zahn-Professor und einen HNO-Professor.

Gegen 21.40 Uhr schaue ich zum letzten Mal auf die Uhr und schlafe kurz danach ein.

Morgens gegen 05.45 Uhr ist die Nacht vorbei. Die Nachtschwester hat bei mir den Blutdruck und Fieber gemessen und meinte, ich könne gleich wieder schlafen. Aber weit gefehlt, nichts geht mehr. Da ich nach der Schlaftablette gleich eingeschlafen bin und durchgeschlafen habe, bin ich richtig wach. Auch bin ich immer noch sehr ruhig; ob das daran liegt, dass so viele Menschen positiv an mich denken?

Dieser Tag, der 10. Juni 2008, wird für mich wieder ein denkwürdiger Tag werden und hoffentlich den Abschluss meines Unfalls vor 45 Jahren bilden. Inzwischen ist einige Zeit vergangen; ich habe geduscht, mich fertig gemacht und habe noch etwas gelesen. Auf dem Gang ist es relativ laut; es herrscht ein emsiges Treiben. Das tut mir ganz gut, ich weiß nicht warum. Durch den riesengroßen Baum vor meinem Fenster scheint die Sonne in mein Zimmer, es weht ein leichter Wind. Auf meinem Bett sind die Schatten der Blätter zu sehen die sich im Wind hin und her wiegen. Draußen vom Flur dringt Kaffeeduft in mein Zimmer; wann ich wieder Kaffee bekomme weiß ich nicht. Gestern habe ich noch geschrieben, dass ich Professoren sammle. Dazu möchte ich sagen, dass ich auch Krankenhäuser gesammelt habe; damit möchte ich jetzt aber aufhören, weil ich glaube dass es jetzt reicht. Nach dieser OP möchte ich keines mehr sehen. Ich will nach der OP ein ganz normales Leben führen, gesund mit viel Luft und Sauerstoff. Wenn ich hier draußen bin, kann ich alles machen.

Alle Dinge müssen mir zum Besten dienen. Amen. Alles was ich brauche, werde ich bekommen. Amen. Vor lauter Schreiben komme ich nicht zum Lesen. Aber es tut einfach gut. Wenn ich ein Gefühl aufschreibe, egal wie schlecht es mir geht, stelle ich fest, dass es kaum geschrieben ist und schon geht es mir besser. Das Gleiche habe ich bereits früher beim Malen immer wieder erlebt. Ganz am Anfang, als die Bilder noch schrecklich aussahen; aber kaum gemalt, ging es mir schon wieder besser.

Als ich wieder zum Fenster hinaus schaue, denke ich dass vielleicht auch der Baum eine riesige Kraft auf mich ausübt. Wer weiß.

Gegen 08.40 Uhr war der Professor noch mal bei mir, hat mich nach meinem Befinden gefragt und wie die Nacht verlaufen ist. Er meinte es würde noch etwa eine halbe Stunde bis zur OP dauern.

Gegen 09.15 Uhr wurde ich abgeholt. Nachdem ich soweit für die Operation fertiggemacht und die Infusionsnadel gesetzt war, kam ich in den Operationssaal. Ich musste stillhalten, damit der Professor seine Arbeit machen konnte. Ich muss noch anmerken, dass ich keinerlei Beruhigungsmittel bekam, weil dies auch meinen Atem beeinträchtigt hätte. Dies durfte aber auf keinen Fall sein. Ich habe auf dem OP-Tisch gelegen, wurde zugedeckt und habe voll Vertrauen meinen Körper in die Hände des Professors gegeben. Das Vertrauen in den Professor und in Gott hat ein wunderbares Gefühl in mir ausgelöst. Ich würde es so beschreiben, dass ich mich fühlte als würde ich auf Watte gebettet sein. Oder auf Engelsflügeln, die mich tragen so wie sie es schon immer getan haben.

Also hellwach und innerlich sehr ruhig, musste ich erleben wie der Professor mit mehreren Stichen die Stelle örtlich betäubt hat, an der gleich der Luftröhrenschnitt gemacht werden sollte. Er hat dann angefangen zu schneiden, immer tiefer und tiefer. Einen Schmerz verspürte ich nicht, ich habe aber gemerkt dass geschnitten wird. Ich hörte noch die Worte „Ich trenne jetzt die Schilddrüse durch", was wohl das Startzeichen für den Anästhesie-Professor war, der dann das Narkosemittel gespritzt hat.

Den Schnitt in die Schilddrüse habe ich noch kurz gemerkt, er tat auch etwas weh, aber dann war ich sofort weg im Nirwana und weiß nicht mehr, was dann passierte.

Gerhard sagte mir, dass er am Operationstag, gegen 17.00 Uhr zu mir auf die Intensivstation durfte. Es war für ihn sehr schlimm, wie er mich da liegen sah. Hals komplett verbunden. Mund und Nase zugepflastert. Schläuche in der Nase, Tubus und Beatmungsschlauch im Mund. Und unzählige Schläuche an Händen, Armen und am Körper. Beatmung im künstlichen Koma, das war ihm ja bekannt, aber so hatte er sich das nicht vorgestellt. Er war ungefähr 30 Minuten da, hielt meine Hand und musste sich öfters die Tränen aus dem Gesicht wischen. Es war schlimm für ihn, nicht mit mir reden zu können und vor allem die vielen Geräte, Monitore und Schläuche zu sehen. Er hat dann mit einem Narkosearzt gesprochen, der ihm erklärte, dass die OP wunschgemäß verlaufen sei.

Gerhard war an diesem Tag auch in der Kirche gewesen, weil er das Bedürfnis hatte, dort hinzugehen. Er ist dort mitten in einen Gottesdienst gestolpert und hat die Messe dann mitgefeiert. Danach ist er noch einige Minuten geblieben, hat die Stille genossen und gebetet.

Am nächsten Tag wollte er mich besuchen; auf der Station hörte er, dass ich noch auf der Intensivstation bin. Er ist mit dem Aufzug nach unten gefahren. Als er im Erdgeschoß aus dem Aufzug ging, hat man mich gerade im Intensivbett in den Aufzug gebracht. Er fragte, ob sie mich auf die HNO-Station bringen und erhielt die Antwort, nein auf die Intensivstation. Er wusste im Moment nicht wie ihm war und was er machen sollte. Er ist dann erstmal in die Cafeteria gegangen und hat einen Cappuccino getrunken.

Nach einer guten halben Stunde ist er dann zur Intensivstation gegangen und war eine knappe Stunde bei mir geblieben. Ich sah, nach seiner Interpretation, bedeutend besser aus. Mund und Nasenraum waren nicht mehr verbunden und vor allem der Mund war frei; ich habe wieder selbst geatmet. Gerhard meinte, dass ich ihn im Halbschlaf erkannt hätte und auch ein paar Worte gesagt habe. Ich sagte „Mir ist schlecht"; er hat daraufhin dem Arzt Bescheid gegeben. Eine Schwester hat mir dann etwas gespritzt; vermutlich waren die noch vorhandenen Narkosemittel an der Übelkeit schuld. Der bei der heutigen Untersuchung dabei gewesene Narkosearzt hatte zu meinem Mann gesagt, dass der Professor Vollrath sehr zufrieden war.

Es war für Gerhard die erlösende Nachricht. Endlich! Für mich selbst war diese Kontrolluntersuchung am Mittag ein Horror gewesen. Obwohl ich noch teilweise im Dämmerzustand war, habe ich gemerkt wie durch meinen Hals Schläuche eingeführt wurden und meine Luftröhre untersucht wurde. Ich habe die Menschen um mich herum gehört, jedoch nichts verstanden. Ich hatte das Gefühl, dass ich ersticke. Es war für mich ein Martyrium, ich empfand dies noch schlimmer als den Luftröhrenschnitt. Ich sollte noch zur Beobachtung bis zum nächsten Morgen auf der Intensivstation bleiben und dann auf mein Zimmer auf der HNO Station kommen.

Am Donnerstag, den 12.Juni gegen 10.30 Uhr war es dann soweit, ich war auf dem Weg in mein Zimmer. Mir ist jetzt sonnenklar, Gott hat noch was mit mir vor und ich bin froh, dass es so ist wie es ist. Ich bin glücklich, dass ich so weit bin; die Tränen laufen mir schon wieder über das Gesicht und beim Schreiben holt mich alles wieder ein. Es sind die Summen der Dinge, die ein Leben bestimmen, die einen physisch, die anderen psychisch. Im Moment sind es die Nerven, die leiden und ich kann nichts tun, um die vielen Tränen aufzuhalten.

Ich sage mir immer wieder, dass jetzt alles gut ist, aber es kommt bei mir nicht an. Tief in mir ist eine große Narbe aufgegangen, die es zu heilen gilt; ich weiß nur nicht wie. Rein körperlich ging es schneller aufwärts. Ganz besonders erfreut hat mich die Tatsache, dass jetzt bereits die durch die Nase führende Magensonde, durch die ich evtl. ernährt werden sollte, entfernt wurde. Ich durfte bereits trinken und Suppe essen.

Mit Gerhard zusammen habe ich erste Gehversuche im Zimmer unternommen. Hat schon ganz gut geklappt. Es war toll. Und überhaupt, das Atmen. Das konnte ich ja schon immer; aber das ging jetzt ohne Anstrengung. Ich konnte es fast nicht glauben. Toll.

Am nächsten Morgen war der erste Verbandwechsel. Es wurden zwei Röhrchen entfernt, die zum Abtransport von Sekret eingesetzt waren. Der Professor sagte, die OP wäre sehr gut verlaufen und er wäre mit dem Ergebnis auch sehr zufrieden. Im Laufe des Tages haben wir bereits weitere Laufübungen gemacht. Es ging schon fast wie vorher.

Im Augenblick habe ich einen Gedanken über Künstler. Ich habe hier einen kennengelernt. Wenn ich mich als Künstlerin bezeichne, als Malerin, dann kann jeder meine Bilder sehen. Der Professor ist ein Künstler, dessen Kunst es ist, Luftgeräusche und Atembeschwerden verschwinden zu lassen. Zur

Kunst sei noch folgendes angemerkt. Wieder mal angeregt durch einen Traum, hatte ich bereits bei meiner letzten Wartezeit zu Hause, ein Bild gemalt. Ein Bild, das meine „befreite" Luftröhre mit geöffneten Stimmlippen zeigt. Eine mit Sauerstoff gefüllte Luftröhre, aus der der freie Atem in Form von Noten heraussprudelt. Dies soll symbolisieren, dass ich soviel Luft habe, dass ich vor Freude singen könnte. Ich habe dieses Bild dem Professor geschenkt, als Dank für seine hervorragende Arbeit. Er hat sich sehr darüber gefreut und sich mit den Worten „Das Bild bekommt einen schönen Platz in meinem Büro", herzlich bedankt.

Bei jedem Atemzug, den ich inzwischen mache, denke ich an den Professor. Die Arbeit und die Kunst von Professor Dr. Vollrath werde ich durch die Welt tragen. Diese Feststellung treffe ich an einem Glückstag, an einem Freitag, den 13.

Am folgenden Samstag ist Gerhard bereits morgens gegen 09.00 Uhr in der Klinik. Er hat in seinem Hotel ausgecheckt und will heute nach Hause fahren. Er hat heute Morgen erstmals den Professor getroffen und ihn dabei gefragt, bis wann er wieder kommen kann, um mich abzuholen. Der Professor schaute kurz in seine Unterlagen, erklärte, dass am kommenden Dienstag noch einmal eine Kontrolluntersuchung der Luftröhre unter Vollnarkose sei und wir dann am Mittwoch nach Hause fahren könnten. Überrascht, aber sehr erfreut über diese Auskunft, hat Gerhard sich wieder in seinem Hotel einquartiert und ist hier geblieben.

Über Tag bin ich mit Gerhard durch die ganze Klinik gegangen. Ich wollte laufen und bin gelaufen. Auch jede Treppe war nicht vor mir sicher. Die Aufzüge wurden gemieden. Ich habe genau das gegenteilige Verhalten an den Tag gelegt wie in den letzten Monaten. Ich war erstaunt, wie gut es mir dabei ging. Ich bekam Luft, konnte Treppen laufen, mich dabei unterhalten und ich kam nicht außer Atem. Das war ein geiles Gefühl.

Am Sonntagmorgen überwältigte mich wieder ein inneres Gefühl, das sehr stark mit Gott zu tun hatte. Ich habe um 09.30 Uhr die heilige Messe in der Kapelle im Krankenhaus besucht und habe Gott gedankt. Es ist schön zu merken, mit welcher Leichtigkeit und Kraft er uns zu jeder Zeit trägt. Ich weiß nicht, ob es gut ist, dass sich meine Schleusen immer wieder öffnen. Ein Seelsorger oder ein Arzt würde jetzt bestimmt sagen „Sie haben alles überstanden, sie können jetzt froh sein".

Gedanken kommen hoch und setzen sich fest. Wenn diese Gedanken uns in Angst und Panik versetzen, dann müssen wir für uns ein Lösungsmittel finden, das diese Gedanken auflöst. Und dieses Lösungsmittel sieht für jeden anders aus und man muss danach suchen, wenn man nicht in eine Depression verfallen will.

Aber das viele Wasser, das aus meinen Augen fließt; ist es Verarbeitung und ist es gut, oder hänge ich irgendwo fest und brauche ein „Lösungsmittel". Die Predigt im Gottesdienst war sehr schön und hat genau zu mir gepasst. Viele Fragen wurden mir beantwortet und ich glaube, dass ich auf meinem richtigen Weg bin. Danke!

Im Moment sehne ich mich nach meinen Farben. Heute ist Sonntag, am Mittwoch fahren wir nach Hause. Für Donnerstag habe ich mir einen Termin in meinem Atelier gemacht, es zieht mich ganz stark dort hin.

Der Montag brachte mir einen Verbandwechsel beim Professor. Ich hatte dabei die Gelegenheit, die Narbe im Spiegel zu sehen. Die Narbe macht mir einen lachenden Hals. Da an die Wunde noch kein Wasser sollte, ich aber so gerne die Haare waschen wollte, hat mir eine Schwester geholfen. Sie hat mir eine Art Plastikfolie auf die Narbe geklebt. So konnte ich sogar duschen. Die Schwester hieß Maria und hat mir geholfen und dies in der Klinik Maria Hilf.

Am Mittag bin ich mit Gerhard in der Fußgängerzone gewesen. Sie beginnt rund 100 Meter von der Klinik und endet am Haupt- bzw. Busbahnhof. Wir sind den ganzen Weg gelaufen, waren in einer Konditorei Kaffe trinken, haben uns in Geschäften umgeschaut und ich habe Gerhards Hotelzimmer begutachtet. Den Rückweg haben wir per Bus angetreten. Es war etwas ganz anderes, als nur in der Klinik und im Klinikpark zu sein. Mein Herz lebte auf und ich habe bei sehr schönem Wetter den Nachmittag genossen. Die Zeit verflog wie im Flug und ich war dankbar für alles.

Heute hatte ich auch die letzten Tonengel und Tonherzen an Ärzte, Schwestern und Pfleger verteilt. Ich hatte rund 30 verschiedene Tonkreationen dabei und es war mir ein Bedürfnis, sie an das hervorragende Personal in dieser Klinik zu verschenken. Ich meine damit das Personal auf der HNO-Station und auf der Intensivstation. Die Freundlichkeit und Hilfsbereitschaft in dieser Klinik kann nicht hoch genug gelobt werden.

Als wir wieder zurück in der Klinik waren, hatte ich noch einen Termin bei dem Professor der Intensivstation wegen der morgigen Untersuchung. Da diese Untersuchung unter Vollnarkose durchgeführt wird, wurde immer von einer OP gesprochen. Er hat uns einiges über Narkosen erklärt; auch wie vermutlich bei der Narkose nach meinem Unfall als Kind, der zur Beatmung gelegte Tubus die Schleimhaut in meiner Luftröhre verletzt hat.

Wichtig war für mich auch die Erklärung, dass diese Verengung bei allen nachfolgenden Narkosen nicht gesehen werden konnte, da die Vernarbung zu weit unterhalb des vom Narkosearzt einsichtbaren Bereichs liegt.

Wiederum sind einige Knoten dabei sich zu lösen. Und da ist schon wieder mein Lösungsmittel. Ich weiß nicht wann oder ob ich überhaupt irgendwann mein Leben verstehen werde; aber ich habe die Hoffnung, dass ich irgendwann (vielleicht wenn dieses Buch fertig ist) dahinter komme. Noch zwei Anrufe, etwas lesen und schreiben, Fernsehen schauen und in die Nacht hineindämmern. Das war der Tag vor der letzten Untersuchung.

Auch diese Untersuchung war dann relativ schnell vorbei. Der Nachteil war die Müdigkeit bis gegen Mittag, sowie die Aussage der Schwester „Am OP-Tag dürfen Sie die Station nicht verlassen". So blieben wir den restlichen Tag auf dem Zimmer.

Am 18.Juni gegen 09.30 Uhr haben wir die Klinik Maria Hilf verlassen und sind nach Hause gefahren. Wir hatten eine gute Heimfahrt; ich war aber doch noch müde und habe sogar während der Fahrt für längere Zeit geschlafen. Gegen 13.15 Uhr sind wir endlich wieder zu Hause. Ich sitze auf meinem Bett und werde heute Nacht auch darin schlafen. Ich bin glücklich, froh und dankbar.

Bei Gesprächen die ich am nächsten Tag mit mehreren Bekannten und Freunden führte, erfuhr ich, dass drei mir mehr oder weniger gut bekannte Menschen während meiner Abwesenheit verstorben sind. Das war schon heftig und hat mich sehr getroffen.

Das anstehende Wochenende war ausgefüllt mit einem Geburtstagsbesuch, einem größeren Einkauf sowie Besuch unserer Freunde an ihrem Haus-Umbau. Und natürlich konnten wir morgens ausschlafen, gemütlich und lange Kaffee trinken, Gespräche führen und vor allen Dingen an dem Buch arbeiten. Das Buch, das jetzt für mich immer wichtiger wird, bewirkt auch ein sehr positives Miteinander für Gerhard und mich. Im Laufe der Woche stelle ich immer mehr fest, dass sich mein Leben langsam wieder normalisiert. Durch die vielen Gespräche mit Freunden und Bekannten, kann ich jetzt schon ohne große Emotionen über meine Geschichte erzählen. Langsam komme ich über diese 45 Jahre hinweg.

Ich habe in einem Traum ein Bild gesehen, das ich unbedingt malen sollte. Ich sah ein gemaltes Bild von einem Baum und erkannte, dass es sich um den Baum handelte, den ich immer von meinem Krankenzimmer in Mönchengladbach gesehen habe. Dieses Bild soll auch auf dem Cover dieses Buches zu sehen sein.

Anfang Juli habe ich wieder vermehrt psychische Probleme. Ich fühle mich von meiner Familie nicht richtig verstanden oder habe das Gefühl, dass alle glauben, ich wäre wieder mit allem belastbar. Aber es ist nicht so. Vielleicht ist es aber ganz normal, dass man es mir nicht unbedingt ansieht, welche Probleme ich noch habe. Ich bin müde, unendlich müde.

Das physische Problem ist überwunden; das ist auch zu sehen und zu merken. Das psychische Problem ist rein oberflächlich nicht zu sehen; es hat also den Anschein dass es nicht da ist. Ich stelle mir oft die Frage, ob ich zu viel gemacht habe oder zu wenig? Habe ich zuviel geredet oder zu wenig? Denke ich zuviel an mich oder zu wenig? Denke ich zuviel an andere oder zu wenig? Ich kann nicht nur zu mir sagen, das war es und jetzt ist alles wieder gut. Jetzt kann alles wieder seinen gewohnten Gang gehen. Weil manche Menschen in meinem Umfeld mir das Leben so schwer machen, habe ich das Gefühl, dass von mir immer mein Bestes verlangt wird. Verlange ich selbst von mir immer mein Bestes zu geben? Ist das richtig oder falsch?

Diese Problematik begleitet mich schon seit ich noch ein Kind war. Das war schon so bei meinen Eltern, bei Freunden und heute in der Familie. Im Moment fühle ich mich sehr unsicher und sehr sensibel. Letzten Endes bin auch ich nur ein Mensch und kein Übermensch. Mir kommt jetzt wieder meine Lieblingsoperette „Das Land des Lächelns" in den Sinn. Darin wird ein Lied gesungen, in dem es heißt „Immer nur lächeln und immer vergnügt, lächeln trotz Weh und tausend Schmerzen. Doch wie's da drin aussieht, geht niemand was an."

Inzwischen geht es mir wieder besser. Ich schreibe wieder und auch mein neues Bild, von dem ich zuletzt geträumt habe, ist im Werden. Ich höre beim Malen Musik die mich oft inspiriert. Beim Schreiben liebe ich die Stille, ab und zu höre ich den Vögeln zu, die sich im Garten unterhalten oder ein Konzert geben.

Ich bin zu Hause, bekomme Luft und mache mir Gedanken über Gott und die Welt. Ich freue mich aufs Spazierengehen, auf selbst Autofahren und dass ich mich wieder richtig bewegen kann. Ganz speziell belastet mich momentan, dass ich den Kopf noch nicht richtig drehen kann. Es sind also die kleinen Dinge des Lebens auf die ich mich freue.

Riesig freue ich mich auf die Kur. Ich hoffe, dass alles so klappt, wie ich mir das vorstelle. Ich merke immer mehr, dass ich diese Kur brauche. Ich müsste bis spätestens Mitte August in Bad Dürkheim sein, weil ich Ende September/Anfang Oktober nochmals für drei Tage nach Mönchengladbach zur Nachuntersuchung muss.

Ende Juni, Anfang Juli 2008 habe ich verschiedene Termine. Unter anderem bei meinem HNO-Arzt in Pirmasens, bei dem Professor in der HNO-Klinik in Kaiserslautern sowie bei der Psychologin die mir den Kuraufenthalt ans Herz gelegt hatte.

Zwischenzeitlich läuft auch mein Antrag zur Bewilligung einer psychosomatischen Kur bzw. Krankenhausaufenthaltes bei der Krankenkasse.

In meinen Gedanken geht es zwischenzeitlich mal wieder rund. Ich muss sagen, es lichtet sich immer mehr. Mir wird immer mehr bewusst, warum ich so

oder so gehandelt habe, wahrscheinlich ist es aner-
zogen.

In den letzten Wochen wurde mir immer mehr bewusst, dass meine Eltern nicht mit mir gesprochen haben und alles, was jemals passiert ist, unter den Teppich gekehrt haben. So als wäre überhaupt nichts passiert. Es hat sich bei mir so eingegraben, dass ich heute das Gleiche mit mir immer wieder mache. Die anderen machen das natürlich gerne mit, weil es ja bequemer ist als darüber zu reden. Aber die Anhäufung der körperlichen Dinge, die mir passiert sind und das ignorieren der psychischen Leiden, die nicht aufgearbeitet wurden, sind heute für mich kaum zu ertragen. Das ist es, wenn ich sage, dass mich diese 45 Jahre so brutal eingeholt haben.

Aber das ist in unserer Gesellschaft ganz normal und ist gleichzeitig die Geburt von so vielen Depressionen, weil die Menschen nicht miteinander sprechen und zuhören. Wenn ich jetzt an mich denke, wie viel und wie lange ich mich über viele Dinge unterhalten kann und will, und dabei merke wie manch einem Gegenüber dabei langweilig wird, dann wird mir wieder bewusst, dass es zu wenige Menschen gibt, die zuhören können oder wollen. Es ist nun mal so in unserer Zeit, dass es viele Menschen gibt, die mit sich selbst so beschäftigt sind, dass kein Raum und keine Zeit für Andere bleibt.

Deshalb brauchen wir immer mehr Menschen die fürs zuhören bezahlt werden. Aber es ist nicht nur das zuhören, es ist ganz einfach das aussprechen von Erlebnissen und wie diese erlebt wurden; es ist bei jedem anders. Es sollte jeder ein bisschen neugieriger sein und erkunden, was mit dem anderen los ist. Nicht um des Tratsch und Klatsches Willen, sondern man soll ein einfühlsames Interesse zeigen. Dieses Gefühl habe ich nur bei wenigen Menschen gefunden.

Zurzeit versuche ich etwas über meinen Unfall im Jahre 1963 zu recherchieren. Nach so einer langen Zeit ist es aber ein fast aussichtsloses Unterfangen. Auch jetzt bedaure ich es sehr, dass dieses Thema früher bei meinen Eltern totgeschwiegen wurde.

Leider haben meine Nachforschungen nichts Neues ergeben. Allein der Versuch hat mir aber gut getan.

Mein letztes Traumbild wurde am 19.Juli fertig und kann jetzt als Buchcover verwendet werden. So wurde der Baum von Mönchengladbach zu meinem Lebensbaum. Angefangen mit dem Roller, über den von Verletzungen gezeichneten Stamm, bis zur jetzt endlich befreiten Luftröhre.

In der Zwischenzeit kamen wir zur Überzeugung, dass es für unseren Hund Blacky am besten wäre, wenn er in eine andere Familie käme. Nicht nur wegen meiner bevorstehenden Kur, sondern auch wegen des Auszuges unserer jüngsten Tochter haben wir uns dazu entschlossen. Der Hund wäre viel alleine gewesen. Er war sehr sensibel, vertrug keine Autofahrt und wir konnten ihn deshalb nirgends mitnehmen. Diese Entscheidung ist uns sehr schwer gefallen, aber für den Hund dürfte es so am besten sein. Wir haben deshalb verschiedene Tierheime bzw. Tierschutzvereine wegen einer Weitervermittlung kontaktiert.

Ausgerechnet am 06.August 2008, also genau 45 Jahre nach meinem Unfall, wurde Blacky morgens um 10.00 Uhr abgeholt. Der Abschied fiel mir nicht leicht, obwohl ich den Eindruck hatte, dass er es in seinem neuen Zuhause gut haben wird.

Nach der Bewilligung des Kuraufenthaltes durch die Krankenkasse wurde mir von der Psychosomatischen Fachklinik Bad Dürkheim als Aufnahmetermin der 14. August 2008 mitgeteilt.

Am 14. August 2008 war es endlich soweit. Gegen 10.00 Uhr kamen wir in der Klinik in Bad Dürkheim an. Da ich ja die Klinik schon bestens kannte, fühlte ich mich sofort zuhause. Zu meiner Freude bekam ich auch das gleiche Zimmer zugewiesen, in dem ich mich schon vor 2 ½ Jahren wohlgefühlt hatte.

Da mir die gleiche Ärztin und die gleichen Therapeuten zur Seite standen, fühlte ich mich schon am ersten Tag in guten Händen. Die Kur konnte also gleich, ohne jede Eingewöhnung, beginnen.

Im ersten Gespräch mit der Ärztin haben wir meinen Therapieplan festgelegt. Da ich keinen Sport machen durfte und keine Gruppengespräche wollte, wurden Einzelgespräche, Krankengymnastik und viel kreative Beschäftigung vereinbart.

Ich lernte wieder viele Menschen kennen mit vielen verschiedenen Schicksalen. Aber wenn wir in der Werkstatt oder im Atelier kreativ waren, konnten wir alles vergessen und waren im Sein, im „Jetzt und Hier".

Im Rahmen meiner kreativen Tätigkeiten in Bad Dürkheim habe ich einen neuen Werkstoff für mich entdeckt. Ich machte Bekanntschaft mit dem tollen Ytong-Stein. Als ich das erste Mal in der Werkstatt war, habe ich mich umgeschaut was die anderen so machen. Dann habe ich mir die verschiedenen Materialien angeschaut und bin dann an diesem Ytong-Stein hängen geblieben. Gleich beim ersten Stein ist es mir in kurzer Zeit gelungen, eine Eule zu modellieren und ich war sehr stolz auf mich.

Mehrere Tage war ich mit diesem tollen Werkstoff beschäftigt. Es entstanden noch eine weitere Eule, drei Engel, ein Papagei und ein Teelichthalter. Es sieht jetzt vielleicht so aus, als hätte ich diese Ytong-Figuren alle auf einmal gemacht. Nein, so war das nicht, denn immer mal wieder dazwischen habe ich aus Ton Figuren geformt. Das Formen von Ton war für mich ja nichts Neues. Neu war für mich jedoch die Möglichkeit, die Figuren zu brennen und zu glasieren. Ganz heiß war ich auf die Ergebnisse, weil man ja nie genau weiß wie die Glasuren ausfallen. Auf Grund positiver Rückmeldungen von Mitpatienten und Therapeuten wurde ich in meinem Vorhaben bestärkt, mir einen eigenen Brennofen zu kaufen.

Aber weil das immer noch nicht genug Kreativität war, habe ich auch noch in diesen sechs Wochen vier Bilder gemalt.

Bereits nach ein bis zwei Wochen wurden immer mehr Mitpatienten auf meine kreativen Tätigkeiten aufmerksam und haben mich gebeten, ihnen auch das eine oder andere zu zeigen. So war das Atelier auch in den frei zur Verfügung stehenden Zeiten gut besetzt.

Viele der hier entstandenen Objekte, ob Ytong, Ton oder Bilder, habe ich in der Klinik an Therapeuten und Mitpatienten verschenkt.

Das Glücksgefühl, das in mir aufkommt, wenn ich anderen Menschen eine Freude machen kann und in den Gesichtern dieser Menschen die Begeisterung über die kleinen Aufmerksamkeiten zu sehen ist, ist für mich selbst ein großes Geschenk.

Überhaupt war der Aufenthalt in der Klinik in Bad Dürkheim wieder gespickt mit allen möglichen Gefühlen. Bei den einen oder anderen Begegnungen mit Mitpatienten hat man sich über die unterschiedlichen Lebensgeschichten ausgetauscht. Dabei wurde viel gelacht und gescherzt. Aber es gab auch Gespräche, bei denen einem die Worte fehlten und man nur noch weinen konnte. Aber auch da waren wir nicht allein und konnten uns gegenseitig trösten.

In meinen Aufenthalt in Bad Dürkheim fiel auch die Abreise meiner jüngsten Tochter Sabrina nach Kanada. Am 03. September flog sie über den großen Teich, um dort ein neues Leben zu beginnen.

Sie hatte uns vor einigen Monaten bereits darüber informiert und dies nun in die Tat umgesetzt.

Die ersten Informationen aus Kanada im Laufe des ersten Monats waren sehr erfreulich und lassen auf eine positive weitere Zukunft hoffen.

Im letzten Drittel meiner sechswöchigen Kur herrschte in Bad Dürkheim, wie immer im September, Ausnahmezustand. Es war Wurstmarktzeit. Vom 12. bis 22. September erlebte ich das größte Weinfest der Welt hautnah mit. Da die Klinik unmittelbar am Wurstmarktgelände mit dem Riesenfass liegt, haben wir den ganzen Trubel sowohl am Tag als auch in der Nacht mit Augen und Ohren spürbar mitbekommen. Von meinem Balkon konnte ich drei große Fahrgeschäfte gut beobachten, was wegen der vielen bunten Lichter, nachts einen besonderen Reiz hatte. Auch die beiden Riesenfeuerwerke auf dem Michelsberg waren sehr gut von meinem Balkon aus zu sehen. Leider war unter meinem Balkon auch das Kommen und besonders in der Nacht das Gehen der Menschen sehr gut zu hören. Da in dieser Zeit erst spät in der Nacht an Schlaf zu denken war, habe ich mich mit Lesen oder mit Formen von Ton beschäftigt.

Kurz vor Ende des Wurstmarktes bemerkte ich, dass dieses Fest auch eine Therapie für mich war. Früher war für mich ein Besuch solcher Feste fast nicht möglich, da mich ein beklemmendes Gefühl der Luftnot überkam.

Hier habe ich mich mehrmals mit verschiedenen Menschen zu verschiedenen Tages- und Nachtzeiten in diesen Wurstmarkttrubel begeben und merkte dabei, dass dieses ungute Gefühl immer mehr verschwand.

Seit ich die Luftröhren-OP hinter mir habe wird vieles in meinem Leben spürbar besser.

Dies ist auch der Grund, warum ich mich jetzt ohne beklemmendes Gefühl in dieser Menschenmenge wohlfühlen konnte.

Am Donnerstag, 25.September 2008, bin ich von der Kur nach Hause gekommen und gleich montags wieder nach Mönchengladbach zur Nachuntersuchung gefahren. Alles wie immer; gut die Klinik gefunden, gleich zur Anmeldung, dann zur HNO zur Schwesternstation. Die Schwester hat uns wiedererkannt und gleich ins Zimmer geführt. Sie hat die Tür aufgemacht und ich erschrak. In dem Zweibettzimmer war ein Bett schon belegt und ich sagte „Das kann nicht sein". Doch, doch, sagte die Schwester, wir haben kein Einzelzimmer mehr frei. Na ja, dachte ich, ist ja nicht für lange. Auch das bekomme ich schon hin. Es stellte sich heraus, dass es eine sehr nette junge Frau war und ich konnte mich auch sehr gut mir ihr unterhalten. Sie hat mir erzählt, dass sie eine Nasen-OP hatte und gleichzeitig die Mandeln entfernt wurden. Sie konnte nur durch den Mund atmen und hat immer noch nachgeblutet obwohl die OP schon zwei Tage her war. So war dann auch die Nacht. Sie hat sehr laut geschlafen. Ich konnte kein Auge zumachen. Als ich morgens dann in den OP kam, war ich ganz froh als die Narkose wirkte. Meine Augen brannten vor Müdigkeit. Dann, nach der Untersuchung, als ich wieder im Zimmer war, fand ich endlich eine Mütze voll Schlaf. Als ich wach wurde, war der Freund meiner Bettnachbarin da. Ich hatte also so tief geschlafen, dass ich sein Kommen nicht mitbekommen habe. Nachmittags kam mein Mann zu Besuch. Wir haben noch ein bisschen an dem Buch gearbeitet und dann ging der Tag mit ein bisschen erzählen zu Ende. Gegen 20:30 Uhr habe ich zufällig noch mit einer Schwester gesprochen, die sich bei mir verabschiedet hat, weil wir uns am nächsten Tag nicht mehr sehen würden. Sie wünschte mir eine gute Nacht und ich sagte, hoffentlich. Ich habe Ihr dann die Geschichte von der letzten Nacht erzählt. Darauf sagte sie, wir haben noch ein kleines Zimmer ohne WC. Wenn sie möchten, könnten sie da übernachten. Ich sagte sofort ja. Innerhalb von fünf Minuten war mein Bett in dem anderen Zimmer. Ich war so müde, dass ich mich gleich fertig gemacht habe und ins Bett gefallen bin. Vorher hatte ich meiner Bettnachbarin auch eine gute Nacht gewünscht und sie war mir auch nicht böse, dass ich in dem anderen Zimmer übernachtete. Einmal wurde ich wach und musste auf die Toilette, die auf dem Flur war. Ich habe die Nachtschwester ganz schön erschreckt. Na ja, das wird sie öfter erleben. Ansonsten habe ich sehr gut geschlafen.

Am Morgen wurde ich gegen 06.30 Uhr mit Blutdruck messen geweckt. Ich habe mich angezogen, mich fertig gemacht, meine paar Sachen gepackt und bin wieder in mein altes Zimmer gegangen. Ich habe meine Bettnachbarin gefragt, ob ich noch mit ihr frühstücken kann. Sie hat sich gefreut und wir haben uns beim frühstücken angeregt unterhalten.

Dann kam der Professor ins Zimmer und erklärte mir, dass bei der Untersuchung festgestellt wurde, dass es keine Vernarbungen gibt. Er sei sehr zufrieden und die Luftröhre sei so optimal hergestellt, dass keine weitere Nachuntersuchung mehr nötig wäre.

Ich wäre ihm fast um den Hals gesprungen, so happy war ich. Alles ist komplett super gelaufen.

An diesem 1. Oktober sind wir wieder nach Hause gefahren.

Somit hat diese „Luft-Geschichte" von der Entdeckung bis zur Kontrolluntersuchung ein halbes Jahr gedauert.

Ich bin sehr froh, wieder zu Hause zu sein, mich meiner ganzen Kreativität, meiner Familie und all meinen Freunden widmen zu können.

In der Kur ist in mir ein Wunsch, den ich schon lange hatte, wieder wach geworden. Ich habe mir schon lange einen Brennofen gewünscht, um meine Tonobjekte zu brennen und zu glasieren.

Der Traum sollte sich 2009 für mich erfüllen. Immer wieder schaue ich mir diese Öfen in Katalogen an und überlege, welche Größe für mich die richtige wäre. Ganz klein ist nichts, weil das Fassungsvermögen zu gering ist. Zu groß ist von der Anschaffung und den Stromkosten auch nicht das Richtige.

Ich habe mit meinem Mann Gerhard in Katalogen und im Internet Preise verglichen. Dann haben wir uns für einen kleineren Ofen entschieden. Diesen haben wir dann auch sofort bestellt. Da im alten Jahr noch die alten Katalogpreise gültig waren, haben wir dadurch einige Euro gespart. Entgegen der angegebenen Lieferzeit kam der Ofen bereits nach 10 Tagen bei mir zu Hause an.

Ich hatte schon einige Tonobjekte geformt, die auch schon durchgetrocknet waren und konnte somit relativ schnell den ersten Schrühbrand starten. Nachdem die Objekte gebrannt und glasiert waren, erfolgte der erste Glasurbrand. Das Öffnen des Ofens nach dem Glasurbrand war für mich eine große Überraschung. Ich kam mir vor wie ein Kind, das die Geschenke unterm Weihnachtsbaum sieht und aus dem Staunen nicht herauskommt.

Somit hatte ich die Chance beim Tag der Offenen Tür in meinem Atelier auch meine ersten selbst gebrannten und glasierten Tonkreationen zu zeigen.

Anfang November haben wir uns einen viertägigen Kurzurlaub in Hamburg gegönnt. Gerhard hatte alles geplant und an alles gedacht.

Mit dem ICE fuhren wir gemütlich nach Hamburg und haben uns dort in unserem Hotel einquartiert. Das Zimmer war gemütlich und sehr schön, wir haben uns aber gleich auf den Weg gemacht, um uns in der Stadt umzuschauen.

Es war zwar ziemlich kalt und feucht, das hat uns aber nicht abgehalten, an den Landungsbrücken zu flanieren.

Höhepunkt unseres Hochzeitstages war der Besuch des Musicals „Der König der Löwen" im Theater im Hamburger Hafen.

Das Erlebnis begann bereits an den Hamburger Landungsbrücken, wo wir mit einem Shuttle-Schiff in einer ca. fünf Minuten dauernden Fahrt zum Theater gefahren wurden.

Im Theater angekommen sahen wir schon übergroße Nana-Figuren im Außenbereich. Im großen Foyer des Theaters konnte man sich die Wartezeit bis zum Beginn der Vorstellung mit einer Bilderausstellung, Getränken und Snacks an verschiedenen Bars vertreiben.

Da wir auf dem Balkon in der ersten Reihe saßen, hatten wir einen sehr guten Überblick über das gesamte Geschehen. Es war ein Erlebnis vom Anfang bis zum Schluss. Die Ereignisse haben sich überschlagen und meine Gefühle spielten Purzelbaum. Gerade hatte ich noch Tränen in den Augen, da musste ich auch schon wieder herzhaft lachen.

Im Nachhinein muss ich sagen, dass die ganze Bandbreite der Gefühlsscala in uns hochkam. Das hatten wir auch bereits bei früheren Musicalbesuchen erlebt.

Und so wurde unser 33. Hochzeitstag ein unvergessliches Erlebnis.

Heute ist der 12. November. Es ist 15.30 Uhr. Vor ein paar Minuten ist eine Amsel an unser Wohnzimmerfenster geflogen. Ich bin gleich raus auf die Terrasse, habe nach ihr geschaut, aber sie hat es nicht mehr geschafft. Sie ist jetzt drüben, gute Reise.

Es liegt schon den ganzen Tag so eine seltsame Melancholie in der Luft. Diese Stille, die so laut ist, dass man sie hören kann. Es ist selten so ruhig, aber man kann dann die Gedanken ordnen und sortieren. Solche Tage sind auch gut, wenn man schreiben will; zumindest bei mir. Als ich die Amsel im Garten begraben hatte, bin ich wieder ins Haus, habe mir eine Kerze angezündet und wieder weiter geschrieben.

In ein paar Tagen ist es wieder soweit. Am 22.+23. November findet zum zweiten Mal der Tag der Offenen Tür meines Ateliers statt. Ich habe mich schon sehr darauf gefreut. Meine Vorstellung von diesem Wochenende wurde bei weitem übertroffen. Es waren viele Menschen da. Alle haben sich wohlgefühlt, alles war harmonisch. Leider konnte ich nicht überall gleichzeitig sein, aber ich habe vieles registriert. Auch immer mal wieder aus einem anderen Zimmer habe ich Lachen und Freude vernommen. Es hat sich für mich angefühlt wie eine große Familie. Das Wochenende war Balsam für meine Seele und hat mir sehr gut getan.

Nach einer schönen besinnlichen Adventszeit ging das Jahr 2008 ohne weitere Besonderheiten zu Ende.

Erstmals hatten wir Weihnachten und Silvester ganz alleine in unserem Haus verbracht. Ohne Eltern, ohne Kinder, ohne Hund . . . . nur wir zwei.

Wenn ich so auf meine Zeilen zurückblicke, muss ich mir selbst sagen „Ja es war sehr viel, was passiert ist". Aber ich glaube auch, nein, ich weiß bestimmt, dass es viel härtere Schicksale gibt. Aber egal was passiert ist, Hauptsache ist, dass wir es überlebt haben.

Ich bin sicher, dass alles leichter wird, wenn wir vor allem unsere Seele immer gut behandeln und sie gut ernähren. Ich weiß es nicht genau, aber ich glaube, dass es das Wichtigste ist, wenn wir Menschen unserem eigenen Lebensplan gerecht werden. Dass wir auf unserem Weg bleiben und lernen, was wir zu lernen haben. Jeder wird mal aus seiner Bahn geworfen, um auch andere Dinge zu sehen und zu erleben. Es ist nur wichtig, über kurz oder lang, wieder in die richtige Spur zu kommen. Auch bin ich sicher, dass wir mehr nach unseren Gefühlen handeln sollten. Das heißt aber nicht, dass wir unseren Verstand ausschalten müssen. Es sollte eine gesunde Mischung von allem sein. Was ich auf meinem Weg auch immer wieder festgestellt habe, ist, dass wir mehr miteinander reden müssen. Damit wir alle uns besser verstehen und keine Missverständnisse mehr aufkommen können.

Auch bin ich der Meinung, dass Menschen, die mit einem größeren Schicksal bedacht sind, für sich selbst was tun sollten. In meinem Fall war die Verarbeitung des Ganzen zuerst mit dem Malen und jetzt mit dem Schreiben möglich. Man muss ja nicht davon ausgehen, dass das, was man tut, unbedingt in die Öffentlichkeit muss. Einfach nur für sich allein die Gefühle aufschreiben, damit mal alles aus dem Kopf ist und man sich auch anderen Dingen wieder zuwenden kann. Erst dann ist es möglich, die eigene Kreativität voll auszuschöpfen. Wenn Mensch sich treu bleibt und sich nicht immer für andere verbiegt, geht es ihm viel besser. Andere merken mit der Zeit, ob man das, was man sagt oder tut, auch wirklich meint und macht. Man ist eins mit sich selbst und authentisch. Bei vielen Menschen läuft es heutzutage doch auf Schauspielerei hinaus. Es wird oft unter dem Deckmäntelchen freundlich oder nett begründet. Das gehört sich so, man ist ja so erzogen.

Keiner traut sich mehr, dem anderen auch mal die Wahrheit zu sagen. Ich zum Beispiel bin damit schon oft angeeckt, weil ich spontan einfach sage, wie ich es denke oder fühle. Ich bin wie ich bin, und ich bleibe so. Wer damit nicht klar kommt, dem kann ich nicht helfen.

Jeder muss auf seinem Weg das entsprechende Mittel finden, um zufrieden sein Leben zu leben.

Mein Vater Dieter im Alter von ca. 16 Jahren

Meine Mutter Gisela im Alter von ca. 16 Jahren

Hochzeit meiner Eltern am 13.11.1954

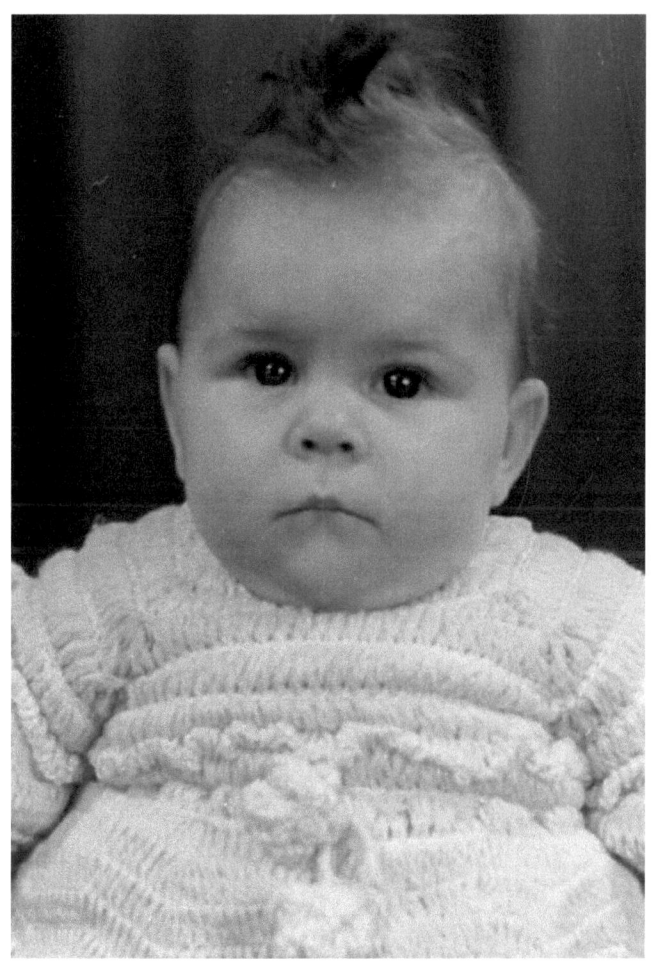

Ich -ca.. 4 Monate jung-

Ich -ca. 9 Monate- und Mami

Meine Eltern und ich -1957-

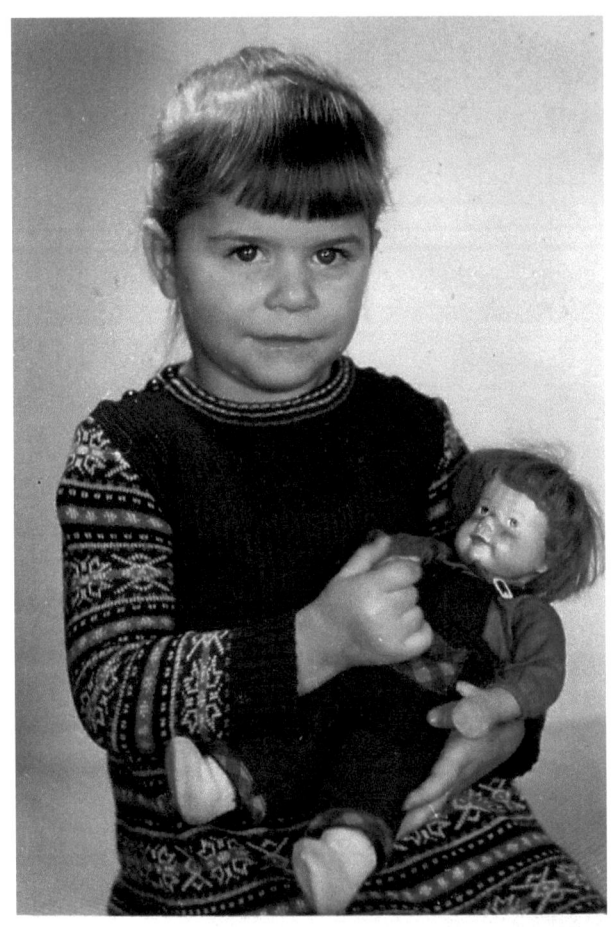

Ich - ca. 3 ½ Jahre im Kindergarten-

Meine Großeltern und ich
auf der Int.Gartenausstellung in Erfurt 1959

Kokettes Blümchen unter Blumen
(Ich auf der Int.Gartenausstellung in Erfurt)

Ostern 1963 mit meinem Roller

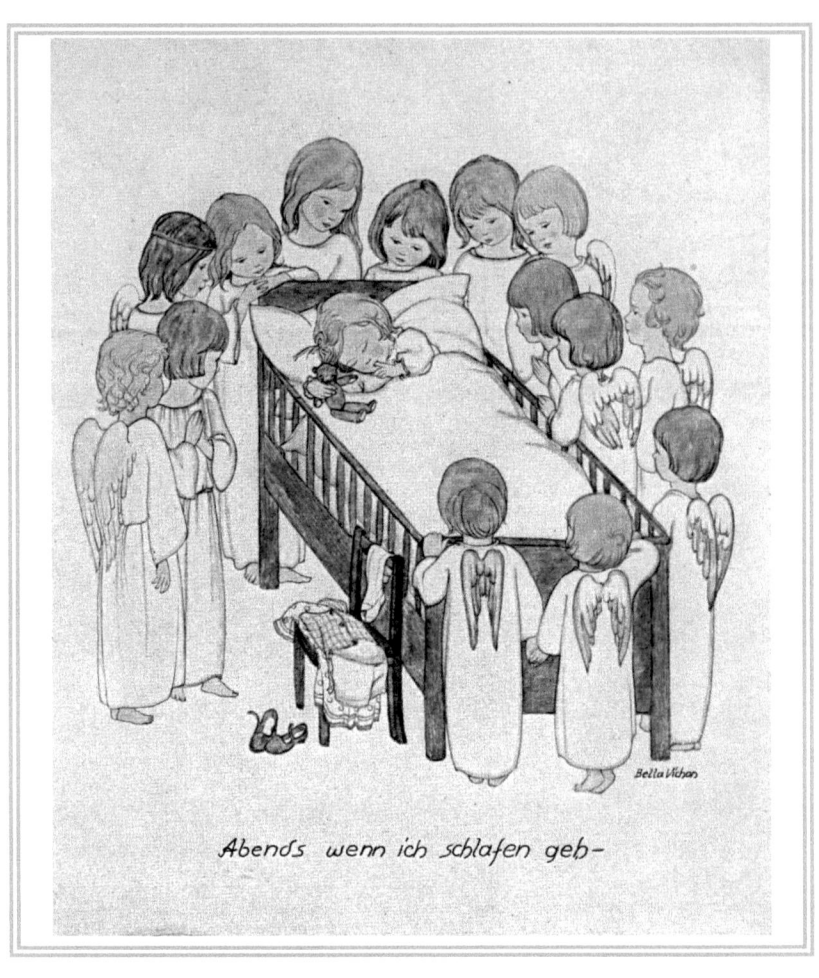

Abends wenn ich schlafen geb—

Abschiedsgeschenk von einer Nonne
des Rodalber Krankenhauses
-Dez. 1963-

Weihnachten 1963 im Kreis meiner Familie
(nach meinem 4 ½ monatigem Krankenhausaufenthalt)

Gerhard u. Ich
-Hochzeit 08.11.1975-

Meine Schwiegereltern

Unsere Kinder Christine, Christian u Sabrina
im Sommer 2004

Unsere Enkeltochter Hannah u. Blacky (2007)

Blick aus Zimmer 205
im Krankenhaus
Maria Hilf
in Mönchengladbach

„Mein Baum"
Im Garten der Klinik Maria Hilf in Mönchengladbach

Danksagung:

Hiermit möchte ich mich bei allen lieben Menschen bedanken, die mich auf dem Weg des Schreibens begleitet und inspiriert haben.

Insbesondere möchte ich mich bedanken bei meinem lieben Ehemann Gerhard, der vor allem bei der Nachbearbeitung des Buches sehr viel Zeit investiert hat.

Weitere Informationen über mich und meine Hobbys unter

www.cronaro.de